Tobias Kley

Hauptsache weg

Flüchtlinge erzählen

TOBIAS KLEY

HAUPTSACHE WEG

FLÜCHTLINGE ERZÄHLEN

SCM

SCM

Stiftung Christliche Medien

Der SCM Verlag ist eine Gesellschaft der Stiftung Christliche Medien, einer gemeinnützigen Stiftung, die sich für die Förderung und Verbreitung christlicher Bücher, Zeitschriften, Filme und Musik einsetzt.

FSC www.fsc.org
MIX
Papier aus verantwortungsvollen Quellen
FSC® C083411

SCM-Verlag GmbH & Co. KG · Max-Eyth-Straße 41 · 71088 Holzgerlingen
Internet: www.scmedien.de · E-Mail: info@scm-verlag.de

Bearbeitung der persönlichen Geschichten der Geflüchteten: Anna Koppri
Umschlaggestaltung: Kathrin Spiegelberg, Weil im Schönbuch
Titelbild: shutterstock.com
Satz: typoscript GmbH, Walddorfhäslach
Druck und Bindung: CPI books GmbH, Leck
Gedruckt in Deutschland
ISBN 978-3-7751-5721-6
Bestell-Nr. 395.721

INHALT

EINLEITUNG

In diesem Buch erzählen neun Menschen ihre Geschichte. Jede ist anders. Doch haben die Schreiber eines gemeinsam – sie sind/ waren alle Flüchtlinge.

Einzelne sind schon etliche Jahre hier. Sie können herausfinden, wie Integration in einzelnen Fällen gelungen ist. Manche sind erst seit ein paar Monaten in Deutschland und Österreich, mit ihnen können Sie allerdings schon ein bisschen Deutsch reden. Teilweise sind sie ganz frisch hier und verstehen außer »Bitte« und »Danke« noch so gut wie nichts. Aber eines haben sie gemeinsam: Sie haben vieles mitgemacht in ihrem kurzen Leben. Jetzt haben sie große Hoffnungen.

Auf jeden Fall versuchen sie, mit ehrlichen und authentischen Worten die letzten Jahre ihres Lebens zu reflektieren, um Ihnen ein reales Bild über ihre Heimatländer zu vermitteln und warum für sie der Gedanke »Hauptsache weg« zur einzigen Überlebenschance geworden ist.

Für keinen der Schreiber und Schreiberinnen war es leicht, die eigenen Erlebnisse aufzuschreiben, da vieles wieder in ihrer verletzten Seele angerührt wurde. Manche konnten den eigenen Bericht nicht abschließen, weil die Erinnerungen an die Vergangenheit zu viel Schmerz verursachten – andere sprangen dafür ein und waren bereit, aus ihrem Leben zu erzählen.

Um die einzelnen Schreiber und Schreiberinnen zu schützen, werden in diesem Buch keine Fotos abgebildet. Die meisten wollten auch keinen oder einen »falschen« Namen für ihre Geschichte. Jeder/jede spricht über das eigene Heimatland, das ungefähre Alter und das Geschlecht.

Im Anschluss an die Lebensberichte kommen noch einige Kapitel, die Anregungen und Gedankenanstöße geben, zu dieser ganzen Thematik.

Es war eine große Herausforderung, Ihnen als Leser einen so breiten Einblick in die unterschiedlichsten Menschenleben, Kulturen, Länder und Situationen zu verschaffen. Hätte ich das im Vorhinein gewusst, hätte ich wahrscheinlich nie angefangen mit diesem Buch …

Doch jetzt ist es fertig – dank vieler Menschen, denen es ein Anliegen war, dass dieses Buch zustande kommt. Danke euch allen für euren Mut, eure Ausdauer trotz Rückschlägen und allem Weitermachen trotz Enttäuschungen. Danke, dass dieses Buch für euch nicht nur ein »Job« war, sondern ein Spiegelbild eures eigenen Herzens.

VORWORT

»Hauptsache weg« – wer hat das nicht schon einmal gedacht? Wenn alles im Leben schiefzulaufen scheint, eine Beziehung vor dem Aus steht, man in der Firma gemobbt und unterdrückt wird oder man auf Facebook gerade übel bloßgestellt worden ist.

Vielleicht hatten Sie schon einmal das Gefühl absoluter Hoffnungslosigkeit, Angst vor der ungewissen Zukunft oder einfach nur den Gedanken: »Schnauze voll«. Dann dachten Sie nur noch: »Es muss sich was ändern, und zwar schnell!«

Auch mir ging es etliche Male so. Ich denke an den Moment, in dem ich als Teenager das erste Mal beim Stehlen erwischt wurde. Da schoss mir dieser Gedanke durch den Kopf: »Hauptsache weg!«

In den letzten Jahren meiner Schulzeit waren diese Worte oft mein Begleiter: »Egal, was danach kommt, Hauptsache weg von der Schule.« Obwohl ich ja wirklich überwiegend nette und motivierte Lehrer hatte und auch nicht der Schlechteste war im Unterricht.

Ein paar Jahre später, am Tag meines ersten Boxkampfes, stieg ich mit absoluter Siegessicherheit in den Ring. Obwohl gut vorbereitet und total ambitioniert, erlebte ich trotzdem gleich eine Niederlage. Als der Ringrichter das Ergebnis verkündete, wäre ich am liebsten im Erdboden versunken.

Schon aus Prinzip habe ich diesem Gedanken nie nachgegeben. Als junger, talentierter und sehr zielstrebiger Mann war für mich Davonlaufen und Aufgeben überhaupt keine Option – eine der vielen guten Dinge, die mir meine Eltern beigebracht hatten.

Doch dann kam die erste schwerwiegende Beziehungskrise – ein Miteinander war völlig ausgeschlossen, aber ein Ohneeinander war auch unvorstellbar. Da war er wieder, dieser Gedanke: »Hauptsache weg!«

Natürlich gab ich nicht nach – ich doch nicht. Wo ein Wille ist, ist auch ein Weg. Koste es, was es wolle, aber ich gebe doch nicht auf!

Dieser Krise folgten weitere Krisen. Alles wurde immer chaotischer, die Situation wuchs mir völlig über den Kopf und irgendwann … ungefähr ein Jahr später, war es so weit. Ich war so am Ende und so zermürbt, es war auf einmal glasklar, ich musste weg. Egal wohin, egal wie es woanders ist, einfach nur weg!

Und ich ging. Nach Schladming, ein kleines Bergstädtchen in den österreichischen Alpen. Ich kannte es nur vom Hörensagen. Wenn ich in meiner damaligen Situation gewusst hätte, wo und in was für einem Umfeld ich dort lande, dann wäre ich nie gegangen. Denn dieses eine Mal »Weglaufen« vor meinen Umständen hat mein ganzes Leben verändert! Es war das Beste, das mir jemals widerfahren ist. Eine scheinbar absolute Niederlage, die zum Erfolg und zu einem sinnerfüllten Leben voller Hoffnung führte. Aber davon erzähle ich später mehr …

»Hauptsache weg!« Das denken im Moment wahrscheinlich mehr Menschen auf der Welt als jemals zuvor: Flüchtlinge.

Dieses Thema wird ständig und überall präsentiert – ob man es will oder nicht.

Flüchtlinge, das sind Massen von Menschen, die nach wie vor versuchen, im Eiltempo Europa zu erreichen. Hunderttausende, ja sogar Millionen – was soll aus ihnen werden?

Ja, das weiß keiner so genau.

Was sind das für Menschen, die nur einen Gedanken verfolgen: »Hauptsache weg«?

Es sind bestimmt manche, die einfach »keine Lust« mehr haben auf ihr Land, die von irgendwem hören, dass bei uns das Gold auf der Straße liegt und die sich einfach aus dem Staub machen. Ziemlich sicher sind etliche Wirtschaftsflüchtlinge unter den Millionen.

Ganz sicher sind auch manche dabei, die fanatische Anhänger des Islam sind und denen unser zügelloses christliches Abendland einfach so gegen den Strich geht, dass sie mal rüberkommen wollen, um mal radikal »aufzuräumen«. Keine Frage, solche werden auch unter den fliehenden Massen sein.

Manch einer hat auch schon Familie hier bei uns und flieht, um seinen Angehörigen wieder nahe zu sein – irgendwie verständlich, aber das ist ja auch nur eine kleine Anzahl.

Vielen wurde das Blaue vom Himmel versprochen durch Schlepperbanden, die durch das letzte Geld dieser Leute zu Millionären wurden.

Nicht wenige fliehen aus religiösen Gründen.

Dann bleibt da aber trotzdem noch die große Masse – warum flieht die?

Weil es nicht anders geht! Weil alles um sie herum zerstört ist. Weil die Menschen, die ihnen alles bedeuten, einfach niedergeschossen, vergewaltigt und abgeschlachtet oder verbrannt werden. Weil ihnen alles genommen wird, was sie besitzen. Weil ihnen der gesunde Menschenverstand sagt: »Wenn du jetzt nicht fliehst, dann gibt es kein Morgen mehr.«

Das sind die Massen. Die Millionen Flüchtlinge, in Europa und vor den Türen Europas.

Was denken Sie darüber? Was für Emotionen regen sich da in Ihnen, wenn Sie das hören, sehen, lesen – jeden Tag? Wenn Sie überrumpelt werden von der Nachricht: »Morgen sind 100 Flüchtlinge Ihre neuen Nachbarn.«

Angst oder das Anliegen, solchen Menschen zu helfen?

Frustration oder Freude über die wachsende kulturelle Vielfalt?

Grenzenlose Wut oder herzzerbrechendes Weinen über all das Elend in unserer Welt?

Gleichgültigkeit, oder vielleicht ist es einfach nur Unsicherheit?

Ablehnung?

Die »Geht mich nichts an«-Einstellung?

Eins ist sicher: Solange alle Flüchtlinge nur »überwältigende Massen« bleiben, ist eine entstehende Antihaltung wahrscheinlicher als alles andere. Solange ich nur Millionen von Menschen sehe, die ganz anders sind als ich und mein Leben hier, überfordert mich das ganze Thema.

Wenn ich die Zahlen höre, die sich ständig nur steigern, dann lähmt mich das und weckt das Verlangen in mir, mich in meiner Komfortzone zu verschanzen – vielleicht geht es Ihnen ja ähnlich.

Aber haben Sie sich mal überlegt, was passieren würde bzw. passieren könnte, wenn wir hier nicht mehr die überwältigenden Massen sehen, sondern den Einzelnen?

Stellen Sie sich vor, ein Flüchtling schaut Ihnen direkt in die Augen und Sie nehmen sich ein paar Minuten Zeit, ihm/ihr zuzuhören …

FLÜCHTLINGE BERICHTEN

STECKBRIEF AFGHANISTAN

Lage – Kontinent: Südasien

Einwohnerzahl: ca. 35 Millionen

Durchschnittsalter: 18 Jahre

Landesfläche: 647 500 m^2

Hauptstadt: Kabul

Staatsform: Islamische Republik Afghanistan

Amtssprache(n): Dari (afghanisches Persisch), Paschtu

weitere (nicht amtliche) Sprachen: Usbekisch, Turkmenisch, indische Sprachen, Pamir-Sprachen, Drawidisch

Analphabeten: 72 %

Todesstrafe: Ja

Mehrheitsreligion: Islam

Durchschnittseinkommen/Jahr in $: 410 $

Hauptprobleme laut UNO: Todesstrafe, Folter, Zwangsheiraten

Verfolgte Gruppen: Christen

Währung: 100 Afghani = 1,37 Euro

DIE TALIBAN HABEN MEINEN BRUDER GETÖTET

Sommer 2011, in Afghanistan. Mitten in der Nacht werde ich von einem lauten Pochen aus dem Schlaf gerissen. Mein Vater und ich sind sofort hellwach. Taliban schlagen mit Gewehrkolben gegen unsere Tür und brüllen, wir sollen sofort aufmachen. Leise ziehen wir uns etwas über und verschwinden durch die Hintertür. Mein Herz schlägt bis zum Hals. Geduckt rennen wir in zwei verschiedene Richtungen durch den Garten davon und immer weiter in die Nacht hinaus, bis mir der Atem ausbleibt und ich das Gefühl habe, in Sicherheit zu sein. Ich bin sechzehn und mache mir schreckliche Sorgen um meine Mutter und meine Geschwister. Was passiert mit ihnen, wenn die Taliban unsere Tür aufbrechen? Weil ich meinen Vater nicht finden kann, suche ich mir einen Unterschlupf für die Nacht und schlafe ein wenig. Am nächsten Morgen begegne ich dem Sohn eines Bekannten, der mich mit zu seinem Vater nimmt. Von ihm bekomme ich ein wenig Geld für meine weitere Flucht, denn ich kann unmöglich zurück. Wenn Taliban nachts an die Tür klopfen, kommen sie, um die Männer der Familie zu töten oder zu entführen. Mit nichts weiter als der Kleidung an meinem Leib und ein wenig Geld in der Tasche wandere ich Richtung Herat, wo einer meiner Onkel lebt.

Nach mehreren Tagen zu Fuß und mit dem Bus erreiche ich schließlich die Stadt und kann bei meinem Onkel unterkommen. Er besorgt mir sogar einen Job am Flughafen, der hier gerade von den Amerikanern gebaut wird, damit die Menschen im Krieg mit Hilfsgütern versorgt werden können.

Als wir Kontakt mit meiner Familie aufnehmen, erfahre ich die schreckliche Nachricht. Meine Mutter erzählt verzweifelt, dass die Taliban in dieser Nacht meinen ältesten Bruder getötet haben, weil er lieber gegen sie kämpfen wollte, anstatt zu fliehen. Mein jüngster Bruder hat durch eine Handgranate beide Beine verloren. Ich muss mir auf die Lippe beißen, um nicht laut zu schreien. Und das alles nur, weil mein Vater ohne Einverständnis der Taliban bei der Polizei arbeitet. Ich würde gern nach Hause, um mit den anderen zu trauern, was leider viel zu gefährlich ist. Ich habe Angst und fühle mich so schrecklich allein. Jeden der wenigen Afghani, die mir beim Flughafen gezahlt werden, spare ich, denn ich möchte gern nach Europa. Ich habe gehört, dass Menschen, die vor Krieg und Terror fliehen, dort aufgenommen werden und in Sicherheit leben können. Weil ich mich mit meinem Onkel nicht besonders gut verstehe, ziehe ich nach acht Monaten weiter, Richtung Iran. Ich schließe mich einer Gruppe von 15 oder 20 Flüchtlingen an. Gemeinsam schlagen wir uns durch den Wald und über die Berge. Oft gehen mir Nahrung und Wasser aus und ich muss im Freien übernachten. Das ist sehr gefährlich. Es sind schon viele Menschen bei ihrem Versuch, in den Iran zu gelangen, verdurstet oder wurden von Grenzpolizisten erschossen. Deshalb sind wir sehr vorsichtig und lassen uns an verschiedenen Stützpunkten immer wieder von der Schleuser-Mafia den Weg weisen. Natürlich gegen Bezahlung.

Manchmal müssen wir große Umwege gehen oder werden ein Stück wieder zurückgeschickt, weil eine Polizeistreife uns entdeckte. Nach gut zwei Wochen gelangen wir endlich an die iranische Grenze, wo wir einen tiefen Bach durchwaten müssen. Dann sind wir auf einmal im Iran. Ich bin erleichtert und wandere weiter. Mein Ziel ist Teheran, wo ein alter Freund aus meiner Heimat lebt. Nach einem ganzen Monat auf der Flucht erreiche ich schließlich die Stadt. Mein Freund nimmt mich bei sich auf und gibt mir einen Job in seiner Firma.

Mithilfe von so etwas wie einer Nähmaschine stellen wir Maschendrahtzäune her. Das macht richtig Spaß und die Bezahlung ist auch gut. Doch darf ich mich aus Sicherheitsgründen nur innerhalb der Firma aufhalten, weil ich keinen Pass habe. Nach einigen Monaten traue ich mich doch ab und zu zum Einkaufen nach draußen. Bei einem dieser Ausflüge, nach über einem Jahr in Teheran, werde ich auf einmal am Arm gepackt. Es ist ein Polizist und er will meinen Pass sehen. Wie gelähmt, versuche ich zu erklären, weshalb ich keinen Pass bei mir habe. Die Taliban, meine Flucht, alles musste so schnell gehen in dieser Nacht. Doch die Polizisten kennen keine Gnade.

Sie bringen mich in eine feucht-kühle Gefängniszelle ohne Heizung. Die Zelle ist schon so voller Menschen, dass wir die ganze Zeit eng aneinandergedrängt hocken müssen. Zwei Tage lang kann ich mich nicht hinlegen, weil dafür einfach kein Platz ist. Dann kommen sie, um mich in eine andere Zelle zu verlegen. Ich will aufstehen, doch mein Körper gehorcht mir nicht. Meine Glieder sind so steif von der starren Haltung, dass es eine ganze Weile dauert, bis ich mich wieder bewegen kann. In der anderen Zelle ist mehr Platz, doch es ist Herbst und ich friere fürchterlich. Nachts, während ich schlafe, kommen die Wärter und schlagen mit Knüppeln auf uns ein. Heute noch wache ich manchmal mitten in der Nacht voll Schrecken auf oder zucke zusammen, weil ich von diesen Schlägen träume. Innerhalb kürzester Zeit bin ich ernsthaft krank. Nach acht langen Tagen und Nächten im Gefängnis werde ich schließlich entlassen. Doch ich darf nicht gehen, sondern muss in einen Bus steigen, der mich zurück nach Afghanistan bringt. Natürlich bin ich froh, diese Folterzelle verlassen zu können, doch gleichzeitig macht es mich wütend und frustriert, auf meiner Reise zurückgeworfen zu werden. Nachdem ich mich eine Woche lang bei meinem Onkel auskuriert habe, mache ich mich trotz der Gefängniserfahrungen erneut auf den Weg nach Teheran. Auch diesmal gelingt die Flucht.

In Teheran treffe ich nach ein paar Wochen eine Familie aus meiner Heimatstadt, die mir erzählen, dass sie in die Türkei fliehen werden. Ob ich mitwolle. Natürlich will ich.

Sie geben mir die Nummer ihres Schleusers, der umgerechnet 7 000 Euro verlangt und verspricht, mich dafür bis nach Deutschland zu bringen. Als ich daran zweifle, auch wirklich in Deutschland anzukommen, erklärt er mir, dass wir einen Vertrag mit der Bank abschließen würden. Wenn ich dort 7 000 Euro auf einem Konto hinterlege, erhalte ich eine Nummer. Erst wenn ich im Zielland ankomme, soll ich bei der Bank anrufen, die das Konto dann für die Schleuser freigibt. Diese Strategie habe sich bewährt und der Schleuser habe schon viele Menschen nach Deutschland gebracht. Obwohl ich so viel, wie ich nur konnte, gespart habe, besitze ich noch nicht genug Geld. Zum Glück verspricht meine ältere Schwester, die mit ihrer Familie in Pakistan lebt, mir den Rest zu schicken.

Jeden Tag sehe ich in der Post nach, und dann kommt der Umschlag tatsächlich gerade noch rechtzeitig. Ich kann mit.

Mitten in der Nacht geht es los. Die Schleuser lassen mich und eine Gruppe weiterer Afghanen hinten in ihren Transporter einsteigen und fahren bis zu einem abgelegenen Ort in Grenznähe. Von da aus müssen wir die ganze Nacht lang querfeldein über Wiesen, durch Wälder und Flüsse laufen. Schließlich erreichen wir, ohne einen Grenzposten passiert oder auch nur einen Zaun gesehen zu haben, im Morgengrauen die Türkei. Unsere Schleuser sind perfekt organisiert. Als wir an der geplanten Stelle ankommen, steht dort schon ein Auto bereit, das uns in eine Wohnung bringt. Wir bekommen gefälschte Ausweise, die wir bei möglichen Kontrollen zeigen sollen. Am Tag dürfen wir hier nicht gesehen werden. Früh am nächsten Morgen geht es weiter. Die Schleuser setzen uns am Bahnhof in einen Bus nach Istanbul, wo wir wieder von anderen Männern abgeholt und in eine Ein-Raum-Wohnung gebracht werden. Als wir ankommen, traue ich meinen Augen nicht. In dieses einzige Zimmer quetschen sich bereits über fünfzig Männer, Frauen, alte Menschen und sogar Familien mit Kindern. Alle aus Afghanistan. Insgesamt sind wir nun bestimmt 70 Flüchtlinge und es ist fast genauso eng wie in der Gefängniszelle. Eng und stickig ist gar kein Begriff und natürlich sind die Leute hier nicht gerade erfreut über uns Neuankömmlinge, die ihnen die Luft zum Atmen noch dicker machen. Es ist so wenig Platz, dass wir uns nicht alle zur selben Zeit auf den Boden legen können. Deshalb müssen wir uns irgendwie organisieren und schlafen etappenweise. Die nicht schlafende Hälfte von uns geht währenddessen meist nach draußen, wo wir sogar auf einem nahe gelegenen Fußballplatz ein wenig kicken können. Mit einigen jungen Männern freunde ich mich ein wenig an. Jeder Einzelne von ihnen hat seine Geschichte mit den Taliban, will nur weg aus Afghanistan und in Sicherheit leben. Vielleicht eines Tages auch seine Familie nachholen. Trotzdem scheint die Zeit stillzustehen. Die Schleuser bringen uns jeden Tag Wasser und Reis, Nudeln oder Bohnen. Wir fragen sie, wann es endlich weitergeht. Der Gestank hier im Raum wird immer unerträglicher von all den Menschen, die seit Tagen nicht geduscht haben. Doch die Schleuser vertrösten uns nur: »Heute gibt es kein Boot. Vielleicht morgen. Die See ist zu rau. Die Küstenwache lässt sich nicht bestechen.« Doch morgen scheint für uns nie zu kommen, denn wir hören immer wieder nur dieselben Antworten. Jetzt schon seit über einem Monat. Ab und zu werden ein paar Leute abgeholt und andere kommen. Doch mich und meine Freunde nehmen sie nie mit. Ich verbringe die wachen Stunden im Raum damit, vor mich hinzuschauen, zu essen oder über Körper hinwegzusteigen, um die einzige Toilette zu erreichen. Wir alle werden immer ungeduldiger. Die Atmosphäre ist angespannt. So langsam fühlen wir uns von den Schleusern verarscht und würden ihnen am liebsten so richtig die Meinung sagen. Doch wir sind abhängig von ihnen, können uns nicht erlauben, sie gegen uns aufzubringen. Endlich, nach den wahrscheinlich längsten sechs Wochen meines Lebens, bin ich an der Reihe. Mitten in der Nacht werde ich mit einer Gruppe anderer aus dem Raum getrieben. Es geht alles sehr schnell, sodass ich von meinen Freunden getrennt werde. Wir sollen uns in zwei kleine Transporter zwängen. Es ist unglaublich stickig und heiß hier im Laderaum, noch enger als in dem Raum und wir haben kein Wasser. Zwei ältere Menschen leiden unter ernsthaften Kreislaufproblemen, bis wir endlich halten und mit Wasser versorgt werden. Die Fahrt geht an den Strand, in die Nähe der griechischen Seegrenze.

Im Wasser liegt ein größeres Schlauchboot mit Motor. Jeder hat Angst, zurückgelassen zu werden, und so tummeln sich innerhalb kürzester Zeit 30 Menschen auf dem Boot, was vielleicht für zehn konzipiert ist. Jetzt sehe ich noch weitere Flüchtlingsgruppen am Strand auftauchen. Insgesamt sind es ca. 70 Menschen, die in ein Boot aus Holz steigen, was keinen besonders stabilen Eindruck macht. Die Schleuser sagen uns, wo es langgeht, dann müssen wir ohne sie zurechtkommen. Ich habe schon viele Geschichten von überfüllten Booten, die gesunken sind, gehört, weshalb ich große Angst habe. Ich spreche ein Gebet zu Allah und dann legen wir gemeinsam mit dem Holzboot ab. Am Anfang sehen wir es immer einige Hundert Meter hinter uns, doch dann ist es irgendwann verschwunden. Wir sind schneller mit unserem völlig überfüllten Motorboot, in dem ich mich die ganze Zeit über nicht traue, mich zu rühren.

Nach ca. sieben Stunden Fahrt erreichen wir am frühen Morgen tatsächlich eine griechische Insel. Erleichtert fallen wir uns in die Arme. Wir haben es geschafft, europäischen Boden zu betreten.

Das Schlauchboot stechen wir mit Messern kaputt und lassen es am Strand zurück. Schnell werden wir von der griechischen Küsten-Polizei aufgegriffen und in ein Camp gebracht. Nach zwei Tagen erhalte ich ein Papier, auf dem steht, dass ich mich einen Monat lang in Griechenland aufhalten darf. Danach muss ich entweder zurück nach Afghanistan oder weiter Richtung Deutschland, um nicht ins Gefängnis zu kommen. Doch die Schleuser haben sich schon um eine Weiterfahrt gekümmert, sodass wir noch am selben Tag ein großes Schiff nach Athen besteigen können. Die Überfahrt dauert 18 Stunden und gelingt problemlos. In Athen werden wir wieder in einer Wohnung untergebracht. Diesmal mit etwas mehr Platz. Die andere Hälfte der Gruppe, die mit uns in der Nacht aufgebrochen und im Holzboot gefahren ist, ist noch immer nicht aufgetaucht. Irgendwann erzählt jemand, er habe gehört, dass das Boot auf der Überfahrt nach Griechenland gesunken sei. Nur vier Personen mit Schwimmwesten hätten überlebt. Ich bin geschockt. Auch meine Freunde sind wahrscheinlich in dem Boot gewesen. Obwohl ich schon 7000 Euro auf der Bank hinterlegt habe, soll ich für diese Unterkunft zusätzlich drei Euro pro Nacht bezahlen. Jeder versucht hier noch ein kleines Extrageschäft mit den Flüchtlingen für sich rauszuschlagen. Von Athen aus geht es nach gut zwei Wochen schließlich mit dem Zug weiter bis an die mazedonische Grenze. Von da aus müssen wir wieder zu Fuß laufen. Zum Glück habe ich mir in Athen ein paar Packungen Kekse und zwei Liter Wasser gekauft. Meine einzige Verpflegung für die nächsten fünf Tage Fußmarsch. Nachts schlafen wir auf dem Waldboden. Ich kenne nur noch ein paar Leute aus meiner Gruppe vom Sehen, die anderen sind Syrer, die zu uns gestoßen sind. Wir überqueren die mazedonische Grenze ohne Schwierigkeiten und fahren mit dem Bus weiter bis zur serbischen Grenze. Doch die korrupte serbische Grenzpolizei will uns nicht weiterlassen, ehe wir eine beträchtliche Summe Geld bezahlen. Meine Gruppe von einem guten Dutzend

Flüchtlingen legt ihre letzten Ersparnisse zusammen. 500 Euro reichen den Polizisten zum Glück, um uns nach Serbien zu lassen. Ich kann schon gar nicht mehr sagen, wie lange ich unterwegs bin. Es kommt mir vor wie eine Ewigkeit, dass ich das letzte Mal in einem richtigen Bett geschlafen oder eine ordentliche warme Mahlzeit gegessen und geduscht habe.

Ein Transporter bringt uns in die Nähe von Ungarn. Bei unserem anschließenden Fußmarsch über die ungarische Grenze werden wir von der Polizei aufgegriffen und in ein Camp gebracht. Doch die Ungarn sind nicht besonders scharf darauf, uns bei sich zu behalten, sodass ich nach zwei Tagen mit dem Bus weiter nach Budapest fahren darf. Dort holt mich ein Schleuser mit seinem Pkw ab und fährt mich zusammen mit zwei anderen Flüchtlingen noch in derselben Nacht über Österreich bis nach Deutschland. Ich kann kaum glauben, wie einfach das auf einmal gegangen ist. Bevor wir aussteigen, vergewissern wir uns mehrmals, dass wir auch wirklich in Deutschland sind. Es ist wahr, ich habe es geschafft. In Passau fragen wir uns müde und erleichtert bis zum Bahnhof durch, wo uns ein paar Polizisten in Zivil aufgreifen. Mithilfe eines Übersetzers erhalten wir schließlich Fahrscheine zu einem Erstaufnahme-Camp in Nürnberg-Zirndorf. Aus Platzgründen werde ich eine Woche später nach Erlangen verlegt, in ein ehemaliges Freibad.

Nach 45 Tagen soll ich weiter nach Karlsruhe, doch dort heißt es, das Camp sei voll, ich solle erst mal nach Mannheim. 19 Tage später werde ich wieder nach Karlsruhe gefahren und von dort aus weiter nach Öhringen. Ich verstehe nicht, weshalb ich ständig in andere Camps verlegt werde, doch es hat den Anschein, dass sich etwas bewegt, und darüber bin ich froh. Es ist November 2014, als ich schließlich in Öhringen ankomme, wo ich in einem Asylbewerberheim wohnen darf. Hier lerne ich auch die ersten Deutschen kennen. Andere Asylbewerber, die schon ein wenig deutsch sprechen, übersetzen für mich. Jetzt darf ich endlich selbst auch für drei

Monate einen Deutschkurs besuchen und danach bekomme ich einen Platz in einer Schule. Ich bin inzwischen 20 Jahre alt. Neben Deutsch habe ich Mathematik, Informatik, Hauswirtschaftslehre und Sport. Nächsten Sommer werde ich hier wahrscheinlich meinen Abschluss machen und mich danach um eine Ausbildungsstelle bewerben. Immer schon war es mein Traum, Automechaniker zu werden. Jeden Morgen stehe ich um halb sieben auf und räume auf oder putze im Asylbewerberheim. Dann bin ich bis zum Nachmittag in der Schule. Abends unternehme ich nach den Hausaufgaben und dem Essen etwas mit meinen Freunden oder schaue fern. Ich mag die Deutschen. Sie sind sehr freundlich und hilfsbereit. Es ist schön, endlich ein Zuhause gefunden zu haben und zur Ruhe zu kommen, auch wenn ich meine Familie natürlich sehr vermisse. Seit vier Jahren habe ich sie nicht gesehen. Zum Glück können wir regelmäßig über das Internet telefonieren. Montags besuche ich eine internationale Gruppe, in der wir Deutsch lernen, zusammen essen und gemeinsam Unternehmungen machen. Darauf freue ich mich immer schon die ganze Woche. Seit ein paar Monaten mache ich ein Praktikum bei einer Lkw-Spedition, in deren Werkstatt ich arbeite. Ich wechsle Reifen und Bremsbeläge, repariere die Planen der Lkws und wasche sie. Am liebsten würde ich hier auch meine Ausbildung machen. Doch leider weiß ich noch nicht mal, ob ich nächstes Jahr noch in Deutschland sein darf, da ich bisher nur eine Duldung bis Ende 2015 habe.

Obwohl ich Moslem bin, fühle ich mich sehr wohl hier. Niemand wird gezwungen, an Allah zu glauben, oder mit dem Tod bedroht. Ich muss keine Angst vor den Taliban haben, sondern kann meinen Glauben frei leben und in die Moschee gehen, wenn ich Lust habe. Das ist ein großer Unterschied zu meiner Heimat. Dort könnte ich kein normales Leben in Frieden führen, ohne Angst und Zwänge. Ich möchte einfach nur hierbleiben, eine Ausbildung machen, arbeiten und eine Familie gründen. Das ist mein Traum.

GOTT HAT MIR EINE NEUE FAMILIE GESCHENKT

Wie so viele Menschen auf der Erde werde auch ich zur falschen Zeit am falschen Ort geboren. Meine Eltern gehören der Volksgruppe der Hazara an, die mongolischer Abstammung ist. So sieht man auch mir sofort meinen schiitischen Ursprung an. Das wäre nicht weiter schlimm, wenn wir nicht ausgerechnet in Afghanistan leben würden, wo Schiiten von den sunnitischen Paschtunen verfolgt werden. Auch die Taliban-Kämpfer sind Sunniten. Sie halten uns für Ungläubige, also Kafir, und stellen sogar die Behauptung auf, dass man in den Himmel kommt, wenn man sieben Schiiten getötet hat. So leben wir in ständiger Angst vor Tod und Verfolgung. Ich bin die einzige Tochter der Familie und wachse mit meinen zwei älteren Brüdern in einem kleinen Dorf auf. Meine Mutter ist noch sehr jung. Sie und mein Vater sind praktizierende Muslime, doch ich kann zu dieser Zeit wenig mit Religion anfangen.

Als ich sechs Jahre alt bin, verschwinden meine beiden Brüder auf einmal. Es heißt, sie seien verschleppt und sehr wahrscheinlich getötet worden. Meine Mutter ist voller Kummer, dass sie noch nicht einmal die Möglichkeit hat, richtig um sie zu trauern. Oft sagt sie: »Wenn ich doch wenigstens ihre Leichen gesehen hätte oder ihre Gräber besuchen könnte!« Doch wir sehen meine Brüder niemals wieder und weil es auch für uns immer gefährlicher wird, fliehen wir in den Iran. Dort müssen wir als illegale Flüchtlinge leben, weil es uns nicht ermöglicht wird, die notwendigen Papiere für einen legalen Aufenthalt zu bekommen. Wir werden wie Untermenschen behandelt und müssen niedere Arbeiten verrichten. Mein Vater arbeitet als Steinmetz und Koch. Manchmal kocht er auch noch zusätzlich für Familienfeiern, damit wir ein wenig Geld zurücklegen können. Wir brauchen hier zwar nicht mehr um unser

Leben zu fürchten, doch so richtig leben können wir auch nicht. Wegen der fehlenden Papiere kann ich keine Schule besuchen. Ich lerne ein paar Mädchen aus der Nachbarschaft kennen, mit denen ich mich anfreunde. Einige Afghanen, denen es ähnlich geht wie uns, schließen sich zusammen und gründen eine Initiative, um uns Kindern das Lesen und Schreiben beizubringen. Zum Glück haben wir einen Computer, mit dem ich üben und auch ein wenig Englisch lernen kann. Außerdem lerne ich Nähen. Meine Mutter kommt einfach nicht über den Tod meiner Brüder hinweg. Meist ist sie in der Moschee, um zu beten, und zu Hause ist sie kaum ansprechbar. Sie schaut nur lethargisch vor sich hin und beachtet mich überhaupt nicht. Das ist sehr schmerzhaft und macht mich richtig zornig. Immer wieder flehe ich sie an, mir ihre Aufmerksamkeit zu schenken. Schließlich bin ich doch auch ihr Kind. Im Gegensatz zu meinen Brüdern bin ich am Leben und brauche sie. Die islamischen Gebete scheinen ihr nicht besonders viel Trost zu spenden, weil sie meist trauriger von der Moschee zurückkommt, als sie hingegangen ist.

Mein Vater wird mehrfach von der iranischen Polizei aufgegriffen und in Abschiebehaft genommen. Dort wird er beschimpft und misshandelt. Wir müssen zum Gefängnis gehen und ihn freikaufen, was wegen unserer geringen finanziellen Mittel sehr schwerfällt. Dadurch sind wir in armen Lebensverhältnissen gefangen und von der Gunst korrupter Polizisten und Arbeitgeber abhängig.

Als ich 19 Jahre alt bin, beschließen wir, zurück nach Afghanistan zu gehen. Lieber wollen wir in Gefahr leben, als uns hier weiter unterdrücken und ausbeuten zu lassen.

Doch uns erwartet noch Schlimmeres. Als Kind wurde ich einem meiner Cousins versprochen, der mittlerweile gestorben ist. Meine Verwandtschaft beschließt deshalb, mich mit seinem älteren, verwitweten Bruder zu verheiraten. Ich soll mich um dessen Kinder kümmern.

Weil mein Vater damit nicht einverstanden ist, entführt die Familie meines Onkels mich mit Gewalt und hält mich bei sich gefangen. Es folgen furchtbare Tage voll Demütigungen. Ich lebe in der ständigen Angst vor Vergewaltigung. Besonders unter der Mutter des Hauses habe ich zu leiden. Sie verflucht mich, weil sie mir aus unverständlichen Gründen die Schuld dafür gibt, dass ihr Sohn von den Taliban getötet wurde.

Mein Vater versucht täglich, mich zu besuchen, wird aber nicht zu mir gelassen. Die Familie seines Bruders ist sehr mächtig. Er ist das Oberhaupt des Dorfes und hat fünf Söhne.

Als mir Gerüchte zugetragen werden, dass es meiner Mutter schlecht geht, will ich zu ihr, aber man lässt mich nicht. Ich bin so verzweifelt, dass ich mir mit einem Messer aus der Küche selbst das Leben nehmen will. Doch der ältere Sohn des Hauses, den ich heiraten soll, reißt mir das Messer aus der Hand. Noch heute habe ich durch dieses Handgemenge Narben an meinen Armen. Mein Vater, der vor dem Haus wartet, drängt wegen des Lärms hinein, um mir zu helfen. Als er das Blut sieht, rastet er aus und schlägt meinem Cousin mit einem Stück Holz auf den Kopf. Weil an diesem Tag viele zum Einkaufen unterwegs sind, gelingt es uns schließlich, verletzt zu fliehen.

Erst auf der Flucht erfahre ich, dass meine Mutter durch den Schock meiner Entführung einen Schlaganfall erlitten hat, an dessen Folgen sie schließlich gestorben ist. Ich kann nicht glauben, was ich da höre: Meine nur 39-jährige Mutter ist an ihrem Kummer und vor Schock gestorben.

Jetzt bin ich mit meinem Vater allein und wir machen uns trotzt unserer Verletzungen sofort wieder auf den Weg in den Iran. Weil wir auch dort vor der Verfolgung unserer Familie nicht sicher sind, holen wir nur unseren Familienschmuck und die Ersparnisse, die wir im Iran aufbewahrt haben. Dann reisen wir mithilfe von Schleppern, denen wir unsere Ersparnisse geben, weiter in die Türkei. Von da aus kommen wir nach Griechenland und schließlich erreichen wir 2010 mit dem Flugzeug unser Ziel Dänemark. Zu dieser Zeit werden in Dänemark jedoch kaum Flüchtlinge anerkannt, weshalb auch unser Asylantrag abgelehnt wird. Wir leben im Heim und dürfen nicht arbeiten. In dieser Zeit komme ich zum ersten Mal mit dem Christentum in Berührung. Eine ältere dänische Frau erzählt mir Geschichten. Erst später wird mir klar, dass diese Geschichten aus der Bibel stammen. Obwohl ich kaum etwas verstehe, erlebe ich ein angenehmes Gefühl von Ruhe und Frieden, wenn ich bei ihr bin.

Als ich bei Freunden zu Besuch bin, höre ich, dass mein Vater unangekündigt von der Polizei zur Abschiebung nach Afghanistan abgeholt worden ist. Ich will zu ihm, aber meine Freunde halten mich zurück. Ich solle froh sein, dass ich nicht zu Hause gewesen sei, sonst hätten sie mich wahrscheinlich auch mitgenommen. Nachdem mein Vater zurück nach Afghanistan fliegen musste, bleibe ich völlig allein mit der ständigen Angst vor der Polizei zurück.

Ich bin verzweifelt, denn jetzt habe ich gar keine Familie mehr.

Afghanische Freunde aus Schweden, die ich durch das Internet kenne, holen mich zu sich, als sie von meiner Verzweiflung erfahren. Mit dem Bus und der Bahn fahren wir ohne Kontrollen zu ihnen nach Schweden. Die Familie nimmt mich bei sich auf und ihr Sohn möchte mich sogar heiraten.

Durch meine Illegalität lebe ich in ständiger Angst, entdeckt zu werden. Außerdem zerfrisst mich innerlich die Sorge um meinen Vater. Eine Bekannte lädt mich immer wieder in eine iranische christliche Gemeinde ein. Irgendwann lasse ich mich überreden und gehe skeptisch mit. Ich bin überrascht, dass am Eingang der Gemeinde kein Koran auf dem Fußboden liegt. Man hat mir immer erzählt, dass Christen beim Eintritt in die Kirche den Koran mit Füßen treten. Es gibt noch viele andere Geschichten, die mir über Christen erzählt wurden, z. B. dass Väter mit ihren Töchtern schlafen oder Brüder mit ihren Schwestern. All das habe ich früher wirklich geglaubt.

Der Gottesdienst berührt mich sehr. Gern nehme ich eine Bibel in meiner Sprache mit nach Hause. Die Familie, bei der ich lebe, ist streng muslimisch, und so lese ich nur heimlich in meiner Bibel. Eines Tages werde ich dabei entdeckt, woraufhin die Mutter der Fasie sich durch mein Bibellesen gekränkt. Ihr Sohn hätte das sicher nicht zugelassen, doch er ist nicht da, um mir helfen zu können.

Nun bin ich vollkommen allein und weiß nicht wohin. Zwei Nächte verbringe ich im Freien, dann nehmen mich Bekannte auf und bezahlen mir ein Ticket zurück nach Dänemark. Freunde in Dänemark, die ich noch aus meiner Zeit im Asylbewerberheim kenne, meinen wiederum, dass es in Dänemark viel zu unsicher für mich ist, und raten mir, nach Deutschland zu fliehen. Zuerst will ich nicht, doch dann setze ich mich doch vollkommen lethargisch in einen Bus.

Als wir die deutsche Grenze erreichen, kommt eine Polizeikontrolle in den Bus. Schnell wird mir klar, dass sie gezielt die Ausländer aus dem Bus holen. Ich werde immer unruhiger und verzweifelter. Um mich zu beruhigen, hole ich meine Bibel aus der Tasche und versuche zu lesen und beten. Eigentlich habe ich den Eindruck, dass dieses Buch mir bisher nur Pech gebracht hat, doch in meiner Not bete ich, dass Jesus mir helfen soll. Den Koran habe ich nie gelesen, da ich kein Arabisch verstehe. Ich nehme die Bibel auch mit einer gewissen Herausforderungshaltung zur Hand – wird dieser Gott mir wirklich helfen? Und das Wunder geschieht tatsächlich!

Zwei Araber sitzen direkt vor mir und werden von der Polizei nach draußen geholt. Mich scheinen sie überhaupt nicht zu beachten, obwohl mein Gesicht nun wirklich total asiatisch aussieht. Ich kann kaum fassen, dass wir schließlich ohne weitere Kontrollen unsere Fahrt fortsetzen.

Als wir Hamburg erreichen, erlebte ich von hier an, wie Jesus mir Schritt für Schritt weiterhilft. Ich stehe allein am Hamburger

Busbahnhof und weiß nicht wohin. Auf einmal höre ich ein Ehepaar in meiner Sprache Farsi (Persisch) streiten. Trotz ihres Streites wende ich mich Hilfe suchend an sie. Schließlich helfen sie mir, die richtige Behörde zu finden, um mich zu melden. Es stellt sich heraus, dass sie Christen sind, und sie entschuldigen sich bei mir wegen der Streiterei.

Von Hamburg werde ich in ein anderes Bundesland geschickt und erlebe auch dort weiterhin, wie Gott mich an der Hand führt. Ein Bekannter aus Dänemark hat mir die Telefonnummer eines Afghanen gegeben, der eine christliche Gemeinde mit Übersetzung auf Farsi besucht. Ich beginne, in diese Gemeinde zu gehen, und lerne mehr und mehr über den christlichen Glauben. Am 23.02.2014 lasse ich mich schließlich taufen, weil ich zu Jesus gehören möchte. Eine Woche später kommt ein Brief mit der Nachricht, dass ich nach Dänemark abgeschoben werden soll und von dort aus weiter nach Afghanistan. Das wäre mein Todesurteil. Aber wieder lässt Gott mich nicht im Stich. Ganz schnell wird ein Kirchenasyl für mich organisiert. Ich lande in einem Dorf in einem alten Gemeindehaus bei einer sehr lieben deutschen Familie.

Obwohl es Sprachschwierigkeiten gibt, können wir recht gut miteinander kommunizieren. Immer wieder liest mir die Frau ermutigende Worte aus der Bibel vor und versichert, für mich und meinen Vater zu beten. Außerdem helfen mir ihre kleinen Kinder sehr über meine Langeweile hinweg. Über sechs Monate muss ich versteckt in dem Gemeindehaus verbringen und darf mich nicht auf der Straße sehen lassen. Jede Polizeikontrolle würde eine sofortige Abschiebung für mich bedeuten. Wenn meine Gastgeberfamilie im Urlaub ist, darf ich bei der Familie meines Pastors wohnen. Seine Frau kann Farsi sprechen und sie wird wie eine neue Mutter für mich. In der Familie finde ich eine neue Familie. Natürlich ist es nicht einfach für mich, so lange versteckt zu leben. Doch weil dadurch die Frist für meine sofortige Abschiebung nach dem Dublin-II-Abkommen verstreicht, erreiche ich, dass mein Fall nun in Deutschland verhandelt wird.

In dieser Zeit tritt ein junger Mann in mein Leben, der früher strenger Muslim war. Umso beeindruckter bin ich von seiner Verwandlung, seit er Christ geworden ist. Durch seine Liebe und sein Mitgefühl ist er mir ein großes Vorbild. In meiner schwierigen, ungewissen Lage unterstützt er mich und hilft mir so sehr. Wir verlieben uns schließlich ineinander und sind mittlerweile verlobt. Ich bin jetzt 26 Jahre alt. Noch immer warte ich auf eine Antwort auf meinen Asylantrag und lebe mittlerweile im Heim. Weil ich noch kein anerkannter Flüchtling bin, gibt es im Moment keine Möglichkeit für mich, Deutsch zu lernen. Doch es gibt viele freundliche Deutsche, die mir helfen und schon so viel Gutes getan haben. Ich hoffe, dass auch die Deutschen, die uns Asylbewerbern gegenüber skeptisch sind, verstehen, dass wir unser Land nicht gern verlassen haben. Es ist schade, dass es Geflüchtete gibt, die sich nicht angemessen verhalten. Das heißt aber nicht, dass wir alle gleich sind. Seit ich Jesus in diesem Bus verzweifelt um Hilfe gebeten habe, hat er mich nie verlassen, mich geführt und mir Frieden gegeben. Ich habe jetzt eine Beziehung zu Gott, die ich in meinem früheren Leben nie hatte. Ich bin nicht mehr allein, Gott hat mir eine neue Familie gegeben. Mein größter Wunsch ist trotzdem, dass ich meinen leiblichen Vater wiederfinden kann. Seit vier Jahren gibt es keine Nachricht von ihm, obwohl ich bei vielen Freunden und Bekannten, auch im Iran, angefragt habe.

Mein zweiter großer Wunsch ist: Ich möchte anderen afghanischen Frauen helfen (und darf es oft schon), die wie ich schreckliche Dinge erlebt haben und noch unter den Verletzungen leiden. Auch sie sollen den Frieden und die Heilung durch unseren liebenden Gott erleben können!

STECKBRIEF SOMALIA

Lage – Kontinent: Ostafrika

Einwohnerzahl: 11,1 Millionen

Landesfläche: 637 657 km²

Hauptstadt: Mogadischu

Staatsform: parlamentarische Bundesrepublik

Amtssprache(n): Somali und Arabisch

Mehrheitsreligion: Islam

Durchschnittseinkommen/Jahr in $: 843 $

Währung: Somalia-Schilling

Hauptprobleme laut UNO: Verstümmelung weiblicher Genitalien, Todesstrafe für gleichgeschlechtliche Beziehungen, Menschen- und Kriegsrechtsverbrechen, Kindersoldaten

Verfolgte Gruppen: Christen

Somalia ist auf Platz 2 auf dem Weltverfolgungsindex

ICH MÖCHTE POLIZIST WERDEN, UM DEN MENSCHEN HIER ZU HELFEN

Ich werde in Somalia als Junge in sehr ärmlichen Verhältnissen geboren. Mit meinen Eltern, vier Brüdern und fünf Schwestern lebe ich in einem kleinen Dorf.

Wir bewohnen eine Wellblechhütte, die nur aus einem Raum besteht, in dem wir alle leben und schlafen. Sie bietet kaum Schutz vor starkem Regen und an Sonnentagen ist es unerträglich heiß. Da wir keinen Strom haben, müssen wir schlafen gehen, wenn es dunkel wird. Dafür rollen wir dünne Matten auf dem lehmigen Boden aus. Tagsüber haben wir Hocker zum Sitzen, die wir aus Ästen selbst gebaut und mit Leinentüchern bespannt haben. Vor der Hütte gibt es eine Feuerstelle, auf der meine Mutter und meine Schwestern kochen. Meine Aufgabe ist es, Holz für das Feuer zu sammeln. Ich wachse quasi auf der Straße auf, weil wir dort den Großteil des Tages verbringen. Mit sieben Jahren darf ich eine Koranschule besuchen. Es ist nicht leicht für meine Eltern, das nötige Schulgeld aufzubringen, doch ihnen ist es sehr wichtig, dass ich im Lesen und Rezitieren des Korans in arabischer Sprache unterwiesen werde.

Erst später lerne ich auch Lesen und Schreiben in meiner Muttersprache.

Jeden Freitag besuche ich die Moschee. Ein Imam spricht Gebete auf Arabisch vor und ein anderer Gelehrter übersetzt sie ins Somalische.

Jedes Mal verlasse ich danach die Moschee fröhlich und mit bewegtem Herzen. Ich fühle mich rein und zufrieden. Zu den festgelegten Zeiten knie ich mich täglich auf meinen Teppich und bete zu dem einen Gott, Allah. Als ich zehn Jahre alt bin, muss mein Vater ins Gefängnis und kann unser Schulgeld nicht mehr aufbringen. Meine Mutter schafft es nicht allein, all ihre zehn Kinder zu versorgen. Deshalb lebe ich bei meiner Großmutter, zu der ich eine sehr innige und liebevolle Beziehung habe. Doch das Leben ist hart. Um zu unserem Lebensunterhalt beizutragen, verkaufe ich auf der Straße Brot. Jeden Morgen stehe ich zwischen vier und fünf Uhr auf und kaufe bei einem Bäcker Brot ein. Für ein paar Schilling mehr verkaufe ich es anschließend auf der Straße. Am Vormittag übernimmt einer meiner Brüder den Verkauf, damit ich mich ein wenig schlafen legen kann. Die Hitze ist tagsüber unerträglich. Abends gehe ich zurück auf die Straße, um meine Brüdern bei der Arbeit zu unterstützen.

Wasser zum Trinken oder Duschen gibt es nur gegen Bezahlung. Bei einem Mann, der in seinem Haus eine Wasserleitung hat, kann ich Kanister für uns abfüllen.

Getrieben durch die bittere Armut und den Krieg in Somalia, beschließt meine Mutter schließlich, mit mir und meinen Geschwistern nach Dire Dawa in Äthiopien zu ziehen. Auch hier versucht jedes Familienmitglied, durch eine Arbeit auf der Straße etwas zu essen für den Tag zu verdienen. Doch es reicht häufig nicht für alle, sodass ich manchmal einen ganzen Tag lang nichts bekomme und mich abends mit leerem, schmerzendem Magen schlafen legen muss. Von Freunden und Bekannten erfahre ich, dass sie nach Europa fliehen wollen, weil sie sich dort ein besseres Leben erhoffen. Als Schlepper in unser Dorf kommen und mir anbieten, mich ohne eine Vorauszahlung nach Europa zu bringen, entscheide auch ich mich, es zu probieren. Meine Familie ist gar nicht begeistert, als ich ihnen von meinem Entschluss erzähle. Keiner von ihnen möchte mit mir kommen, sodass ich völlig auf mich allein gestellt bin. Ich bin erst 12 Jahre alt und die Entscheidung, sie zu verlassen, fällt mir schwer, doch mein fester Wille, der Armut und dem Hunger zu entfliehen, ist stärker.

Ein paar Wochen zuvor hat sich mein bester Freund auf die Flucht nach Europa begeben. Mit Entsetzen erfahre ich, dass der Bus, mit dem die Schlepper ihn und andere Flüchtlinge transportiert haben, sich in der Sahara überschlagen hat. Viele Menschen sind dabei gestorben. Auch mein bester Freund ist tot, was mich sehr traurig macht. In den nächsten Tagen weine ich und trauere um ihn. Nun ist mir noch deutlicher bewusst, wie gefährlich eine solche Reise sein kann. Trotzdem steht mein Entschluss, es auch zu versuchen.

Im Mai 2014 geht es schließlich los. Die Schlepper versprechen, dass alles schnell und ohne große Probleme gehen wird. Nachdem ich mich unter Tränen von meiner Familie verabschiedet habe, steige auch ich in einen solchen Bus. Mein Herz schlägt wie wild vor Angst, dass uns dasselbe Schicksal wie meinen Freund ereilen könnte, doch jetzt gibt es kein Zurück mehr. Von Eritrea werden wir über den Sudan nach Libyen gebracht. Die ganze lange Fahrt über sind wir wie Tiere zusammengepfercht. Es gibt nicht genug Platz, um sich auszustrecken, was sehr anstrengend und schmerzhaft ist. So sind wir sieben Monate lang unterwegs. Als wir schließlich Libyen erreichen, werde ich mit 80 Personen in einen kleinen Raum gesperrt. Nun beginnt die schwerste Zeit meines Lebens, an die ich mich sehr ungern erinnere. Der Platz reicht nur, um mit angezogenen Beinen in der Hocke zu schlafen. Morgens tun meine Gelenke und Muskeln so sehr weh, dass ich mich kaum bewegen kann. In der Frühe kommen Wärter und schlagen brutal mit Stöcken auf uns ein, damit wir aufwachen. Die Stöcke treffen mich auf die Beine, die Knie und Schultern. Heute noch spüre ich beim Schulsport die Schmerzen an diesen Stellen. Noch nie im Leben habe ich so deutlich erfahren, wie schlecht und böse Menschen sein können. Ich verbringe den ganzen Tag in diesem Raum. Es gibt nur ein Fenster, durch das ein bisschen Tageslicht hereinscheint. Einmal am Tag bekommen wir etwas zu essen durch das Fenster gereicht. Um unsere Notdurft zu verrichten, benutzen wir Kübel, die in einer Ecke stehen. Wir bekommen nie genug zu essen, sodass viele von uns krank werden und auch sterben. Mir wird gesagt, wenn ich den Raum verlasse, muss ich nach Hause gehen oder 5 000 Dollar bezahlen, um weiterzureisen. Meine Mutter wird benachrichtigt, dass sie das Geld auftreiben müsse, wenn sie verhindern wolle, dass ich getötet werde. Das ist natürlich ein Schock, denn das ist unglaublich viel Geld für eine so arme Familie wie unsere. Meine Mutter hat Angst um mich, sodass ihr keine andere Wahl bleibt. Sie setzt alles daran, das Geld über Verwandte und Freunde zusammenzubekommen. Verwandte verkauften sogar ihre Kühe und Ziegen.

Immer wieder muss ich miterleben, wie andere Flüchtlinge vor Erschöpfung zusammenbrechen oder geholt werden, weil ihre Familie nicht bezahlen kann. Deshalb entscheide ich mich ganz bewusst, mich nur auf mich selbst und mein Überleben zu konzentrieren. Ich möchte keine Freundschaften eingehen, weil ich weiß, wie gefährlich diese Flucht ist und wie viele Menschen dabei ums Leben kommen. Den Herzschmerz würde ich nicht noch einmal ertragen, einen lieb gewonnenen Menschen zu verlieren. Deshalb schotte ich mich innerlich bewusst von den anderen ab. Die Wärter sind erbarmungslos. Sie schlagen bei fast jedem Anlass auf uns ein und kümmern sich nicht um die Verletzungen. Sie kommen, um Menschen aus dem Raum zu holen oder neue Flüchtlinge zu bringen.

Während der endlosen Wochen im Lager kommt mir oft der Gedanke, dass dies das Ende ist und ich hier sterben muss. Doch gleichzeitig erhalte ich meinen Traum von einem Leben in Europa, in dem es mir besser gehen wird und ich all dies hier vergessen kann, aufrecht. Diese Hoffnung gibt mir die Kraft, um zu überleben. Ich konzentriere mich auf jeden einzelnen Tag und auf jeden kleinen Schritt, der mich meinem Ziel näher bringt. Doch es tut sich einfach nichts, sodass ich irgendwann die Hoffnung aufgebe, jemals in Europa anzukommen. Ich erreiche einen Punkt, an dem nur noch zwei Möglichkeiten in meinem Kopf kreisen: »Entweder stirbst du hier oder du gehst zurück zu deiner Familie.« Doch je länger ich darüber nachdenke, umso bewusster wird mir, dass die zweite Option eigentlich nicht besteht. Wie sollte ich meiner Familie und den Freunden, die all ihr Geld für mich zusammenlegen, jemals wieder in die Augen blicken? Wie würde ich mit der Scham leben können, es nicht geschafft zu haben? Deshalb beginne ich, mich nur noch auf das nackte Überleben zu konzentrieren. Tag für Tag.

Es dauert, bis meine Mutter das Geld zusammenhat und es über Mittelsmänner den Schleppern in Libyen zukommen lässt. Doch eines Tages erhalte ich tatsächlich die unglaubliche Nachricht, dass das Geld angekommen ist und ich weiter nach Europa reisen kann.

Nach vier langen Monaten, die mir vorgekommen sind wie eine Ewigkeit, werde ich frühmorgens mit ungefähr 200 anderen völlig ausgemergelten und hoffnungslosen Menschen ans Meer gefahren und dort auf einen Schiffskutter verfrachtet. Ich sage verfrachtet, weil ich mich nicht mehr wie ein Mensch fühle, sondern eher wie eine Ware, mit der man umspringen kann, wie man möchte. Im unteren Schiffsrumpf kauere ich mich mit angezogenen Knien in eine Ecke. Es ist unerträglich heiß und ich habe keine Möglichkeit, etwas zu sehen, weshalb ich jedes Zeitgefühl verliere. Weder das Licht des Tages noch das Dunkel der Nacht dringt bis zu mir. Das Einzige, was ich neben den anderen zusammengepferchten Menschenleibern sehen und hören kann, ist eine Pumpe, die unentwegt Wasser nach draußen pumpt, das sich immer wieder im Boot ansammelt. Nach kurzer Zeit werde ich seekrank, weshalb ich mich kaum noch an die Überfahrt erinnern kann. Wenn ich daran denke, kommt noch heute dieses Gefühl der körperlichen Starre in mir hoch. Ich kann jetzt noch die Schmerzen spüren. Mit angezogenen Knien sitze ich da, die Stirn auf die Fäuste gestützt, den Blick nach unten gerichtet. Mein einziger Gedanke ist es, mich nicht zu übergeben. Innerlich bin ich auf das Schlimmste gefasst: zu ertrinken.

Wir sind ungefähr zwei Tage auf dem Meer unterwegs, als uns ein großes Schiff der italienischen Marine erreicht. Soldaten kommen mit Beibooten an unseren Kutter und helfen uns, auf ihr Schiff zu wechseln. Ich fühle mich leicht benommen und habe Angst, da ich nicht weiß, ob die Fahrt wieder zurück nach Libyen geht. Als ich merke, dass wir nicht wenden, bin ich dankbar und atme erleichtert auf. Die weitere Fahrt bringt uns sicher an die Küste von Italien. Es ist ein tolles Gefühl, auf europäischem Boden zu stehen.

Von der Polizei werden wir in ein Flüchtlingslager gebracht. Gegen Libyen ist das hier das reinste Hotel. Ich teile mir einen Raum mit acht Männern aus Äthiopien. Wir bekommen Brot, Tomaten, Käse und Oliven zu essen und sogar frische Kleidung und Schuhe. Endlich kann ich duschen und den Schmutz der letzten Wochen und Monate von meinem Körper spülen. Ich werde von einem Arzt untersucht und darf mich dann in meinem Raum hinlegen und von den Strapazen der Reise erholen. Nach zwei Tagen geht es mit dem Zug weiter nach Österreich. Weil ich nichts mehr habe, schenken mir andere Flüchtlinge das nötige Geld für mein Ticket. Ich bin gerührt und dankbar, wie hilfsbereit sie sind, obwohl sie selbst kaum etwas haben. Die Zugreise verläuft im Vergleich zur Überfahrt mit dem Kutter leicht und problemlos. Trotzdem wage ich nicht, ein Auge zuzutun, weshalb ich schließlich völlig müde und erschöpft, aber auch glücklich am Wiener Hauptbahnhof ankomme. Dort greift mich die Polizei auf und bringt mich aufs Asylamt, damit ich mich registrieren lassen kann.

Weil ich körperlich völlig am Ende bin, werde ich in ein Krankenhaus gebracht, wo ich fünf Tage lang wieder zu Kräften kommen darf.

Hier in Europa angekommen zu sein, ist ein lang gehegter Lebenstraum von mir, an dessen Erfüllung ich schon nicht mehr zu glauben gewagt habe. Ich wollte nur weg vom Krieg, Hunger und der Armut in meiner Heimat, um etwas fühlen zu können, an das ich mich kaum erinnern kann: Frieden! Weil mein Wunsch danach niemals ganz gestorben ist, hatte ich die Kraft, nicht aufzugeben, sondern weiterzumachen und schließlich wirklich anzukommen.

Ich wünsche mir ein geregeltes Leben mit Freunden und der Möglichkeit, mich schulisch und beruflich weiterzuentwickeln. Zum ersten Mal seit Jahren empfinde ich so etwas wie Glück. Meine Seele ist leicht und ich kann all die Erlebnisse der letzten Monate zurücklassen. Nur nachts schrecke ich manchmal in meinem Bett hoch. Dann brauche ich einige Minuten, um zu realisieren, dass ich nur geträumt habe und nicht mehr im Lager in Libyen bin. Ich muss mir ein paar Augenblicke vergegenwärtigen, dass ich in Sicherheit bin, bevor ich wieder einschlafen kann.

Die Österreicher nehmen mich freundlich auf und helfen mir. Als unbegleiteter minderjähriger Flüchtling darf ich in einer Einrichtung für Jugendliche wohnen. Ich besuche eine Schule und lerne intensiv Deutsch. Ich habe Betreuer, die mir bei alltäglichen lebenspraktischen Dingen helfen. Außerdem machen sie mich mit den kulturellen Gepflogenheiten bekannt. Ich lerne auch andere Somalier kennen, die nach Österreich geflohen sind, und treffe mich mit ihnen. Dabei kann ich mich in meiner Muttersprache unterhalten, mich über Erfahrungen austauschen oder gemeinsam somalische Musik hören, die mein Herz berührt und glücklich macht. Anfangs besuche ich auch sehr regelmäßig eine Moschee. Doch durch meine langen Unterrichtszeiten ist mir der Besuch, wie auch die Einhaltung der Gebetszeiten, oft nicht mehr so möglich.

Was mich besonders freut, ist, dass ich mit meiner Familie wieder in Kontakt stehe. Ich telefoniere regelmäßig mit ihnen oder sende ihnen Videobotschaften über das Internet. Einerseits macht es mich glücklich, dass ich ihnen sagen kann, wie gut es mir hier in Österreich geht, andererseits aber fehlen sie mir ganz furchtbar. Das macht mich sehr traurig, wie auch die Gewissheit, dass sich daran in den nächsten Jahren nichts ändern wird. Oft sehe ich andere Kinder mit ihren Eltern auf der Straße und wünsche mir dabei nur, dass diese Eltern mich adoptieren. Ich sehne mich nach Eltern und einer Familie.

Doch auch wenn sich dieser Wunsch nicht erfüllt, glaube ich, dass ich in eine sehr fröhliche und sichere Zukunft blicken kann. Ich möchte meine Fröhlichkeit, die mir Kraft gibt und durch schwere Momente hindurchhilft, behalten. Ich möchte die ganz schlimmen Erlebnisse, die mir in Libyen passiert sind, vergessen. Sie sollen mit der Zeit verblassen und mich nicht mehr bedrücken.

Ich habe den festen Entschluss gefasst, die Schule zu absolvieren und zu arbeiten. Ich möchte gern eine Ausbildung zum Polizisten machen und den Menschen hier helfen. Außerdem hege ich die Hoffnung eines Tages meine Familie wiederzusehen. Wer weiß, vielleicht habe ich später einmal selber eine Familie und bin rundum zufrieden mit meinem Leben und erfreue mich bester Gesundheit.

Ich habe das Gefühl, dass ich hier in Österreich so sein kann, wie ich bin, unabhängig von Hautfarbe, Herkunft oder Religion.

STECKBRIEF KURDISTAN/KURDEN

Lage – Kontinent: nicht genau begrenztes Gebiet in Vorderasien

Kurden: genaue Zahlen gibt es nicht. Ca. 31–34 Millionen

Landesfläche: je nach Definition 440 000 bis 530 000 km²

Hauptstadt: es gibt keine, da kein eigenes Land

»Staatsform«: ein Volk ohne Staat

Identität: beruht einerseits auf den historischen Wurzeln im nomadischen Stammeswesen, andererseits auf der Unterdrückung und Fremdherrschaft, denen sie immer wieder ausgesetzt waren und noch sind.

Amtssprache(n): es gibt keine einheitliche Sprache

Mehrheitsreligion: Islam

Hauptprobleme: Dürfen sich politisch nicht betätigen; Kultur wird unterdrückt, indem beispielsweise ihre Sprache oder typische Kleidungsformen verboten wurden.

Immer wieder wird auch militärisch gegen sie vorgegangen.

Verfolgte/Diskriminierte Gruppen: Die Kurden selbst werden wegen ihres sunnitischen Glaubens verfolgt.

Währung: das jeweilige Geld im bewohnten Land

ICH MÖCHTE DIE HILFE, DIE ICH EMPFANGEN HABE, GERN WEITERGEBEN

Ich bin Berevan Gwan und wachse als Kurdin in einem kleinen Dorf in der Nähe einer großen Stadt in Syrien auf. Unser Dorf hat nur ungefähr 200 Einwohner. Es ist sehr hübsch, mit einem Spielplatz, einer eigenen Grundschule und sogar einigen Einkaufsmöglichkeiten. Nur selten regnet es hier. In den Trockenzeiten fühlt es sich an, als ob wir in einer Wüste leben würden. Alles ist trocken, staubig und heiß. Doch wenn es einmal regnet, wird die Erde fruchtbar und verzaubert die Landschaft in einen grünen Garten. Mit meinen Eltern, drei Brüdern und zwei Schwestern lebe ich zusammen in einem Haus. Wir sind Jesiden. Als ich sechs Jahre alt bin, darf ich in die Schule gehen. Ich liebe unsere Dorfschule sehr und bin Klassenbeste. Meine Lehrer sagen meinen Eltern immer, dass sie mich fördern sollen. Als ich zwölf Jahre alt werde, ziehe ich mit meinem Bruder Jkar und einem Cousin zu meinem Onkel in die Stadt. Dort kann ich weiterhin die Schule besuchen, weil es in unserem Dorf nur die Grundschule gibt.

Jkar und mein Cousin hassen die Schule. Sie sind faul und wollen zurück ins Dorf ziehen. Alleine darf ich leider nicht in der Schule bleiben. Wir Kurden sind in Syrien nicht hoch angesehen.

Wenn mein Bruder und mein Cousin mich in der Schule nicht beschützen, würde ich von den anderen nur geärgert werden.

Mit 14 Jahren muss ich deshalb zusammen mit Jkar zurück ins Dorf ziehen. Ohne Schulabschluss bleibt mir nichts anderes übrig, als auf die Kinder im Dorf aufzupassen. Ich mache das unentgeltlich, einfach weil es mir Spaß macht. Doch auf Dauer erfüllt mich diese Aufgabe nicht. Viel lieber würde ich weiter zur Schule gehen und einen Beruf erlernen, anstatt Hausfrau zu werden. Doch die politische Situation in unserem Land wird mit der Zeit immer brenzliger. Syrien war eigentlich immer ein Land, in dem die verschiedenen Religionen und Ethnien friedlich zusammenleben konnten. Doch nun kommt der »Arabische Frühling« langsam von Nordafrika zu uns. Viele Sunniten wollen nicht mehr, dass Assad Präsident ist. 2011 gibt es erste Demonstrationen gegen ihn. Mit Gewalt werden diese Demonstrationen zerschlagen und die syrische Armee geht gegen die zivilen Aufständischen vor. Es bildet sich eine »Freie syrische Armee«, um gegen die Regierungstruppen zu kämpfen. Diese Armee besteht hauptsächlich aus Sunniten. Assads Truppen brauchen genauso wie die freie syrische Armee Kämpfer – wobei Letztere sogar Frauen rekrutiert. Ich habe Angst, dass sie mich holen und zwingen, mitzukämpfen. Deshalb halte ich mich nur noch im Haus auf.

Mein kleiner Bruder wird einmal im Bus angesprochen und nach seinem Pass gefragt. Der Mann, der die Passkontrolle durchführt, ist von Assads Armee. Als er sieht, dass mein Bruder schon volljährig ist, befiehlt er ihm, sofort mitzukommen, um in den Krieg zu ziehen. Mein Bruder bittet ihn, wenigstens noch kurz seine Eltern anrufen zu dürfen, was ihm erlaubt wird. Als der Soldat ihn auf Kurdisch mit unseren Eltern sprechen hört, änderte er seine Meinung und sagt: »Los, schnell, geh nach Hause!« Er erklärt ihm, dass er selbst halber Kurde ist und ihn deshalb schützen will. Gott sei Dank ist er gerade noch einmal davongekommen – sonst wäre er im Krieg gelandet.

Alle im Dorf bemerken, wie die Situation in Syrien immer gefährlicher wird.

Irgendwann flieht meine ältere Schwester mit ihrem Mann nach Deutschland. Unsere Eltern wollen, dass auch Jkar und ich fliehen. Deshalb beantragen wir Reisepässe. Mein Vater hat genug Geld gespart, sodass wir die Reise nach Deutschland wagen können.

Im Juni 2012 wird mein Vater jedoch schwer krank. Er hat Herzprobleme und muss ins Krankenhaus. Drei Tage lang bin ich zusammen mit meiner Familie bei ihm, als wir plötzlich die Nachricht erhalten, dass unsere Reisepässe fertig sind.

Schnell packen wir unsere Sachen zusammen. Gemeinsam mit vier Bekannten aus dem Nachbarort, darunter auch mein Cousin, fahren wir im Auto in die Türkei. Ich weine fast die ganze Fahrt über, weil ich nicht weggehen möchte. Schon gar nicht jetzt, wo mein Vater so krank ist. Nach zwanzig Stunden erreichen wir Istanbul. Dort werden wir mit 20 Leuten in zwei Zimmern untergebracht. Weil niemand wissen soll, dass wir uns dort aufhalten, verhalten wir uns sehr ruhig und unauffällig. So gut, wie das mit 20 Leuten in zwei kleinen Räumen eben möglich ist. Wir haben Angst, dass wir sonst nicht weiter nach Deutschland fliehen können. Schnell merken wir, dass die Türken uns Kurden nicht mögen. Obwohl wir bemüht sind, leise zu sein, hören die Nachbarn uns kurdisch sprechen. Vier Mal rufen sie die Polizei. Jedes Mal erklären wir den Beamten, dass wir nur zu Besuch da sind und morgen wieder abreisen.

Viele meiner Freunde beginnen Türkisch zu lernen, denn wenn wir kurdisch sprechen, werden wir immer wieder dumm von der Seite angepöbelt.

Als ich einmal mit einigen Freundinnen in der Stadt bin, bleibt eine Freundin stehen, um ihren Schuh zuzubinden. Weil wir nichts davon mitbekommen, laufen wir einfach weiter. Plötzlich hören wir laute Schreie hinter uns und müssen mit ansehen, wie ein Mann auf sie einschlägt, einfach nur weil sie Kurdin ist.

Die Zeit in Istanbul ist schrecklich und wir alle fiebern unserer Überfahrt nach Italien in einem großen Dampfer entgegen. Endlich erhalten wir die Nachricht, dass der Dampfer noch in dieser Woche am Freitag ablegen soll – genau 25 Tage nach unserer Ankunft in Istanbul. Meine Freunde und ich bereiten uns auf die Überfahrt gut vor. Wir kaufen genügend Essensvorräte, Schutzwesten und Getränke.

Doch am Dienstag sagt mein Cousin plötzlich: »Lasst uns über Griechenland nach Deutschland fahren und nicht den Dampfer nach Italien nehmen.« Ich weiß nicht genau, warum er das sagte, doch mein Bruder und ich stimmten zu.

Dass mein Cousin diese Entscheidung getroffen hat, rettet uns schließlich das Leben. Der Dampfer, mit dem wir fahren sollten, sinkt vor Lampedusa und alle Passagiere sterben. Auch meine Freunde. Uns hat Gott vor diesem schlimmen Schicksal bewahrt.

Doch wenn ich darüber nachdenke, werde ich sehr traurig. Eine Freundin von mir, mit der ich in Istanbul zusammengelebt und mich auf die Überfahrt vorbereitet habe, hatte zwei Söhne. Außerdem war sie schwanger. Der Kapitän erklärte ihr zwei Wochen vorher, dass sie in ihrem Zustand nicht mit auf das Schiff kommen könne. Also entschloss sie sich, ihr Kind schon ein paar Tage früher per Kaiserschnitt zur Welt zu bringen, nur damit sie den Dampfer nehmen konnte. Letztendlich ertrank sie mit all ihren drei Kindern im Meer.

Ich glaube, wenn Menschen sich darauf vorbereiten, ihr Land zu verlassen, schmeißen sie ihre Seele weg und geben sie an Gott ab. Jeder weiß, dass viel Schlimmes passieren wird. Wenn wir unsere Seele nicht abgeben würden, könnten wir so eine Reise gar nicht bewältigen.

Mein Bruder, mein Cousin und ich nehmen schließlich ein Schlauchboot über das Mittelmeer nach Griechenland. Das ist nur eine kurze Überfahrt. Doch wir fahren nachts und es ist dunkel und kalt. Als wir in Griechenland ankommen, ist plötzlich eine alte Frau aus unserer Gruppe verschwunden. Alle wollen weiterziehen, doch ich kann das mit meinem Gewissen nicht vereinbaren. Ich stellte mich stur und sagte: »Wenn wir die alte Frau nicht finden, komme ich nicht mit!« Jkar wird sehr sauer auf mich, doch schlussendlich hilft die ganze Mannschaft, die Frau zu suchen. Wir finden sie schließlich mit einem verstauchten Fuß. Einige Männer stützen sie und helfen ihr weiterzugehen. Nun laufen wir eine lange Zeit durch den Wald und schlafen für ein paar Stunden erschöpft auf dem nassen Boden. Ich habe eine Tasche voller Kekse dabei. Als ich meine Kekse an die Kinder in unserer Gruppe verteile, wird mein Cousin darüber sehr zornig. Er hat auch Hunger, doch ich gebe ihm nichts von den Keksen. Wir alle haben einen riesigen Hunger und sind am Ende unserer Kräfte – wie viel schlimmer muss es da den Kindern gehen?

Irgendwann am Morgen kommt die Polizei und sammelt uns ein. Wir haben es geschafft! Von der Polizei bekommen wir eine Bescheinigung, dass wir 20 Tage lang in Griechenland bleiben dürfen. Mein Bruder und ich fahren mit dem Bus weiter nach Athen. Doch ich bleibe nur einen Tag, weil unser Schmuggler schon für den nächsten Tag einen Platz für mich im Flugzeug nach Paris gebucht hat. Am Flughafen in Paris soll ein anderer Schmuggler warten und mich nach Deutschland bringen. Als ich plötzlich ganz alleine im Flieger sitze, überfällt mich große Angst. Sonst war wenigstens immer mein Bruder bei mir. Doch weil unser Geld vorerst nur für einen reicht, habe ich als Frau den Vortritt bekommen. Als ich in Paris lande, wartet dort niemand auf mich. Ich schaue mich um und irgendwann kommt ein Mann auf mich zu, der sagt: »Ich bin der Schmuggler, auf den du wartest, komm mit mir mit!« Doch das ist mir gar nicht geheuer! Irgendwie wirkt dieser Mann verdächtig auf mich. Ich fürchte, dass er etwas ganz anderes mit mir vorhat. Deshalb weigere ich mich, mitzugehen. Schließlich wird der Mann wütend und verschwindet. Auch dieses Mal hat Gott mich behütet. Einige Minuten später ruft nämlich mein Schmuggler aus Griechenland an und sagt mir, dass ich noch ein bisschen warten müsse. Der Schmuggler in Paris würde sich verspäten. Ich bin sehr froh, dass mein Gefühl richtig war: Wer weiß, was der Mann von vorher sonst mit mir tun würde?!

Nach einiger Zeit kommt der richtige Schmuggler. Ich sehe gleich an seiner Kleidung, dass er ein streng muslimischer Mann ist. Er betrachtet mich eine Weile und fragt dann: »Bist du Muslimin?!« Ich weiß zuerst nicht, was ich antworten soll. Wenn ich die Frage verneine, wird er mir feindlich gesinnt sein und mich nicht nach Deutschland bringen. Also lüge ich und sage: »Ja, ich bin Muslimin.« Ich habe so großen Hunger, dass ich mir als Erstes etwas zu essen hole. Dabei bedenke ich nicht, dass gerade Ramadan ist und Muslime erst nach Sonnenuntergang etwas essen dürfen. Der Schmuggler schaut mich verwirrt an und fragt: »Warum isst du, wenn du Muslimin bist?!« O nein – denke ich – jetzt habe ich mich verraten! Doch ich nehme all meinen Mut zusammen und sage ihm, dass ich so großen Hunger habe und tagelang nichts gegessen habe. Ich hätte vergessen, dass Ramadan ist. Der Schmuggler versteht das und glaubt mir. In der Nacht muss ich bei ihm zu Hause übernachten. Ich habe große Angst und kann die ganze Nacht nicht schlafen, weil ich immer denke, dass er mir etwas Böses antun wird. Doch es passiert nichts.

Als er mich zum Bahnhof bringt, um mich in den Zug nach Köln zu setzen, sage er zu mir: »Ich brauche dich! Mein Bruder hat noch keine Frau. Du wärst eine gute, muslimische Ehefrau für ihn!« Wieder einmal sitze ich in der Zwickmühle, doch ich entscheide mich schließlich, ihn um etwas Bedenkzeit zu bitten. Ich würde mich melden, wenn ich in Deutschland sei. Das tue ich natürlich nie. Mein Herz schlägt im rasenden Tempo, als ich schließlich einsteige. Ich zähle die Sekunden, dann endlich fährt der Zug Richtung Köln ab und ich muss nicht mehr lügen.

Eigentlich habe ich noch nie wirklich über Deutschland nachgedacht. Wie gesagt, bei der Abreise in Syrien habe ich meine Seele an Gott gegeben und nichts erwartet. Ich hatte keine Ahnung, was mit mir passieren würde. Alles, was ich wollte, ist nach Deutschland zu kommen, um zu lernen! Ich wollte endlich mal ganz normal in die Schule gehen, nicht benachteiligt behandelt werden, weil ich Kurdin bin, und mein Leben leben.

Am 01.08.2012 erreiche ich schließlich ohne Zwischenfälle Köln. Ich werde von einer arabischen Christin empfangen, die eine Freundin meiner Familie ist. Zusammen gehen wir als Erstes in den Kölner Dom. Begeistert zünde ich sofort eine Kerze an und danke Gott, dass er mich wohlbehalten nach Deutschland begleitet hat.

Auch mein Onkel lebt mit seiner Familie in Köln. Zunächst wohne ich bei ihm.

Einige Tage später kommt auch mein Bruder Jkar an. Zusammen müssen wir nach Dortmund ins Asylheim. Von dort aus werden wir nach Karlsruhe in die Erstaufnahme geschickt. 15 Tagen später darf ich in ein Heim für Frauen in einem kleinen, schönen Ort im Raum Stuttgart ziehen.

Doch hier bin ich wieder ganz alleine. Mein Bruder wird in einen anderen Ort verwiesen und ich darf Baden-Württemberg nicht verlassen. Meine Verwandten sind überall in Deutschland verteilt, nur in Baden-Württemberg ist außer mir niemand.

Ich bin so einsam, dass ich mich sogar danach sehne, zurück nach Syrien zu ziehen. Lieber bin ich bei meiner Familie und sterbe dort, als ganz allein in Deutschland zu sein!

Für ein Jahr und sechs Monate lebe ich zusammen mit 18 anderen Frauen im Asylheim. Alle haben Familien im Kreis Stuttgart. Weil ich meine Familie so sehr vermisse, weine ich viel. Irgendwann beginne ich eine Sonnenbrille zu tragen, damit niemand sehen kann, wie verweint ich bin. Der einzige Lichtblick ist für mich der Besuch meiner Sozialarbeiterin. Ich kann zwar noch kein

Wort Deutsch, doch trotzdem setzt sie sich zu mir und trinkt einen Tee mit mir. Das macht mich sehr glücklich!

Rechts neben dem Heim ist eine Unterkunft für minderjährige Flüchtlinge. Immer freitags und samstags feiern sie und trinken Alkohol. Das macht mir große Angst, denn so etwas kenne ich gar nicht aus Syrien. Auf der linken Seite vom Asylheim gibt es eine kleine Wohnung, in der zwei ältere Männer wohnen. Eines Tages kommt die Nachricht, dass der eine Mann tot aufgefunden wurde. Er sei schon vor einer Woche gestorben, doch niemand habe etwas mitbekommen!

Meine Angst wächst. Ich haben den Eindruck, in einem Land zu sein, in dem niemand merken würde, wenn mir etwas passiert. Ich kann einfach nicht nachvollziehen, wie Menschen so allein sein können! Wie kann es sein, dass keiner erfährt, wenn jemand stirbt? Das gäbe es in Syrien nicht! Wenn man seine Nachbarin ein oder zwei Tage lang nicht mehr sieht, ist man verpflichtet, zu ihr nach Hause zu gehen und nach dem Rechten zu schauen. Auch das System von Altenheimen kann ich bis heute nicht verstehen. Warum meinen Kinder, dass sie ausziehen und ihre Eltern verlassen müssen, wenn sie zwanzig Jahre alt sind? In Syrien leben alle Generationen in einem Haus – es gibt keine Altenheime, denn für Kinder ist es normal, ihre Eltern zu pflegen. Die Eltern haben sie ja schließlich auch großgezogen.

Während der Monate im Asylheim warte ich acht Monate auf mein Interview.

Als ich endlich meinen Pass bekomme, suchen mein Bruder und ich zusammen nach einer Wohnung, was gar nicht so einfach ist. Nun kann ich endlich wieder meine Verwandten in Deutschland besuchen! Ich bin glücklich! Als ich mit meinem Bruder einmal bei meinem Onkel in Dortmund zu Besuch bin, gehen wir zusammen Döner essen.

Meine Tante bestellt sich einen Dönerteller. Sie bestellt so schnell, dass weder ich noch mein Bruder etwas verstehen. Als wir an der Reihe sind zu bestellen, sagen wir einfach nur in gebrochenem Deutsch: »So wie du!« Wir haben keine Ahnung, was uns erwarten wird. Die deutsche Sprache erscheint uns so schwer und wir verstehen fast nichts.

Ich gehe öfter zum Roten Kreuz, weil es dort ein Café gibt und wir auch Kleider geschenkt bekommen. Einmal stelle ich dort meine Tasche kurz auf den Boden. Als ich mich umdrehe, ist sie auf einmal weg. Jemand hat sie gestohlen! Weil ich riesige Angst habe, ohne Pass Deutschland wieder verlassen zu müssen, beginne ich zu weinen. Meine Freundinnen können mich erst beruhigen, als wir die Sozialarbeiterin anrufen und sie mir erklärt, dass ich einen neuen Pass bekommen werde.

Später wird meine Tasche auf der Toilette wiedergefunden: Doch mein Handy, das Geld, alles ist weg. Zum Glück ist der Ausweis noch da! Aber mal ehrlich: »Wer klaut jemandem wie mir etwas, die selbst kaum etwas besitzt?!«

Mein Bruder und ich finden schließlich eine Wohnung in einer Stadt in der Nähe von Stuttgart. Und dann geht mein größter Traum in Erfüllung: Ich darf endlich in die Schule gehen! Mein Deutschkurs beginnt in einem Monat. Ich kann es kaum erwarten. Doch einige Tage vorher ruft eine Dame vom Jobcenter bei mir an und sagt, dass ich gerade an meinem ersten Schultag ins Jobcenter zum Termin kommen müsse. Ich bin sauer. Jetzt träume ich schon jahrelang davon, endlich wieder in die Schule gehen zu können, und dann verpasse ich meinen ersten Schultag!

Ich liebe die Schule, in der ich die Deutschkurse A1 und B1 absolviere. Danach will ich gerne eine Ausbildung zur Krankenschwester machen. Doch dafür bräuchte ich einen Hauptschulabschluss, den ich leider nicht vorweisen kann.

Deshalb beschließe ich, Friseurin zu werden. Mittlerweile bin ich 26 Jahre alt und habe seit September mit der Ausbildung begonnen, die mir großen Spaß macht. Dass ich mich auch immer auf die Schule freue, traue ich mich nicht zu laut zu sagen, weil die anderen aus meiner Klasse mich sonst auslachen würden. Hier in Deutschland gehen wohl nur wenige so gern in die Schule wie ich. Wenn ich im Unterricht sitze, denke ich immer – ich lebe meinen Traum!

Ein weiterer Traum von mir ist, dass meine Eltern auch nach Deutschland kommen können. Ich lebe mittlerweile mit meinem Bruder Jkar, meinem kleinen Bruder, der später nachkam, und meinem Onkel zusammen. Ich habe schon alles versucht, doch weil ich nicht mehr minderjährig bin, habe ich kein Recht, meine Eltern nach Deutschland zu holen. Auf demselben Weg wie meine Brüder und ich schaffen sie es nicht. Meine Mutter kann nicht mehr laufen und mein Vater hat starke Herzprobleme. Leider muss ich davon ausgehen, sie nie wiederzusehen. Ich habe Angst um sie. Zum Glück können wir ab und zu miteinander telefonieren.

Die Stadt neben meinem Dorf in Syrien ist mittlerweile vom IS besetzt. Alle Frauen müssen sich von Kopf bis Fuß bedecken. Frauen werden einfach so vergewaltigt und Männer getötet. In meinem Dorf, in dem früher einmal 200 Leute gewohnt haben, leben mittlerweile nur noch 15 Menschen! Zwei davon sind meine Eltern. Mein Traum für die Zukunft ist, dass ich etwas aus meinem Leben machen kann. Ich will in die Schule gehen und gut Deutsch lernen. Meine Kinder sollen später einmal zu mir sagen: »Mama, dein Deutsch ist so gut!«

Aber das Wichtigste ist für mich momentan, dass ich anderen Leuten die Hilfe, die ich empfangen habe, weitergeben kann. Egal, ob es Muslime, Kurden oder Christen sind!

STECKBRIEF SYRIEN

Lage – Kontinent: Vorderasien

Einwohnerzahl: ca. 22 Millionen

Landesfläche: 185 180 km^2

Hauptstadt: Damaskus

Staatsform: sozialistisch-volksdemokratischer Staat; Präsidialregime

Amtssprache(n): Arabisch

Mehrheitsreligion: Islam

Durchschnittseinkommen/Jahr in $: 2750 $

Währung: 1 Euro = 183,36 Syrische Pfund

Hauptprobleme laut UNO: Folter, Massenhinrichtungen

Verfolgte Gruppen: Christen

Rang auf dem Weltverfolgungsindex 2015: Platz 4

ICH DENKE, ES IST MÖGLICH, SEINEN EIGENEN WEG ZU FINDEN

Können Sie sich vorstellen, in einer Stadt aufzuwachsen, die es nicht mehr gibt? Niemals werde ich meinen Kindern unser Haus zeigen können, niemals meine Schule oder den Basketballplatz, auf dem ich mich jeden Nachmittag mit meinen Freunden verabredet habe. Die wunderschöne Kirche im Zentrum unserer Stadt, all die Orte, die ich so sehr geliebt habe, existieren nicht mehr. Sind jetzt nur noch Schutt und Asche, Geröllhaufen, durch Bomben dem Erdboden gleichgemacht. Einfach so, über Nacht! Wenn ich daran denke, könnte ich weinen. Ich vermisse das alles sehr, die Jahre in meiner Heimat, die ich niemals verlassen wollte.

Wir sind eine syrische Familie aus dem oberen Mittelstand. Mein Vater arbeitet bei einer amerikanischen Firma, er spricht fließend Englisch, ein Mann von Welt. Meine Mutter ist Krankenschwester und meine jüngere Schwester besucht die Schule, genau wie ich. Es geht uns gut, wir haben Geld und ein eigenes Haus. Doch dann wird die politische Lage in Syrien immer brisanter. Friedliche Demonstranten gegen das Regime sind zu bewaffneten Revolutionären geworden, Bomben fallen, und überall auf der Straße sind Schüsse zu hören. Ich erinnere mich genau an diesen Tag, an dem auch dem letzten Einwohner klar wird, dass er fliehen muss, wenn ihm sein Leben lieb ist. Dabei spielt es keine Rolle, welcher Religion oder politischen Anschauung er angehört, es ist Krieg und der ist lebensgefährlich für alle. Es ist der 20. 06. 2012. Der ISIS hat mittlerweile das Regiment in unserer Stadt übernommen. Ich bin 16 Jahre alt und möchte hierbleiben, lieber in meiner geliebten Heimat sterben, als in die Fremde zu gehen. Meine Familie bleibt noch, als die meisten schon weg sind, denn meine Schwester muss in ein paar Tagen eine wichtige Prüfung absolvieren. Daran, dass auch wir danach gehen werden, lassen meine Eltern keinen Zweifel und ermahnen mich, meine Sachen zusammenzupacken. Besonders meine Mutter möchte so bald wie möglich gehen. Am 25. 06. steigen wir schließlich in einen kleinen Bus, der uns aus der Stadt bringt. Es sind nur noch Flugzeuge zu hören und der Boden bebt von all den Bombeneinschlägen und Schüssen. Ich habe Angst. Schwer bewaffnete Revolutionäre kreuzen unseren Weg, doch sie lassen uns weiterziehen, ohne uns etwas anzutun. Es ist mir wichtig, das zu betonen, denn überall kursieren wilde Geschichten über die Revolutionäre. Einer meiner Onkel will nicht mit uns kommen. Später erfahre ich, dass er von einem Scharfschützen erschossen wurde, beim Versuch, die Straße zu überqueren, bloß weil er sich etwas zu essen holen wollte.

Meine ganze geflohene Verwandtschaft quartiert sich im Haus meiner Oma in einer anderen Stadt ein, wo der Krieg noch nicht hingekommen ist. Doch auf Dauer ist das Haus einfach zu klein für uns alle. Ich halte es kaum aus, auf so engem Raum mit den anderen zu leben, nicht lernen zu können und nicht die Möglichkeit zu haben, meine Freunde zu treffen. Deshalb bitte ich meinen Vater, mit uns an einen anderen Ort zu fahren. Doch er erwidert nur, dass wir dafür nicht genug Geld haben und hierbleiben werden, bis sich alles beruhigt hat.

Ich halte das aber nicht mehr länger aus und gebe auf. Mein einziger Gedanke ist, dass ich hier weg muss. Immer wieder bestürme ich meinen Vater, bis er schließlich einwilligt und mich gehen lässt. Auch er hat längst aufgegeben und ist innerlich zusammengebrochen. Es geht ihm nicht gut. Er gibt mir ein riesiges Bündel amerikanische Dollar für meine Flucht. Wow! Die in den Händen zu halten, ist toll. Noch nie habe ich so viel Geld besessen. Als ich einen Schleuser finde, verlangt er 10 000 Dollar, um mich nach Deutschland zu bringen. Von da aus will ich mich weiter nach Schweden durchschlagen, um dort bei einem Onkel unterzukommen. Niemals werde ich den Tag vergessen, an dem ich meine Familie schließlich im Frieden verlasse. Mein Vater weint. Er war immer ein sehr starker Mann, ich habe ihn nie zuvor weinen gesehen. Niemals! Seit ich meinen Vater kenne, kein einziges Mal! Da steht mein Vater nun und weint! Meine Mutter und meine Schwester weinen auch. Ich verabschiede mich von ihnen allen, dann geht es los, Richtung Türkei.

Plötzlich bin ich auf mich alleine gestellt. Ich hab das nie gelernt. Meine Mutter hat immer sehr viel für mich gemacht. Ihr war es wichtig, dass ich mich auf die Schule konzentriere, dass ich lerne. Ich habe mich auch nie besonders für Haushalt und solche Dinge interessiert, ich war froh, dass ich das nicht machen musste. Ich habe keine Ahnung, wie man kocht, Wäsche wäscht oder sein Bett macht. Plötzlich bin ich alleine in der Türkei und muss für mich selbst sorgen.

Ich bin mit einer Gruppe von 15 Personen unterwegs, was richtig hart ist. Denn ich habe keine Ahnung, wem ich vertrauen kann. Immer wieder kommt es zu Schlägereien unter uns. Der Mann, der alles organisiert, nimmt uns sehr viel Geld ab. Keiner kann nachvollziehen, wie die Preise z. B. für Essen und Unterkunft zustande kommen. Ich bin total abhängig von ihm. In Griechenland übernachten wir mit mindestens 20 Menschen in einem kleinen Haus. Alle sind sich fremd, Alt und Jung gemeinsam. In dieser Situation will ich einfach nur umdrehen. Zurück zu meiner Familie. Es ist fürchterlich. Ich möchte nach Hause.

Schließlich erreichen wir Griechenland und dann Italien. Alles ist sehr teuer. Als ich die amerikanischen Dollars meines Vaters in Euro umtausche, werde ich nicht ehrlich behandelt, ohne etwas dagegen tun zu können. Dem Schlepper muss ich jeden Tag 25 Euro zusätzlich bezahlen, bis ich fast kein Geld mehr habe.

In Italien kommt es zu einigen Zwischenfällen. Die Polizei und fehlende Pässe erlauben es uns nicht, mit dem Zug weiterzufahren, sodass wir schließlich mit Autos von Milano durch die Schweiz weitergebracht werden.

Fünf, sechs Stunden später bin ich in Deutschland, in Lörrach. Ein paar letzte Anweisungen der Schleuser folgen und dann bin ich ganz alleine. Ohne ein gültiges Ticket sitze ich im Zug nach Freiburg. Mein Herz schlägt wie verrückt, doch es kommt keine Kontrolle und kurze Zeit später stehe ich am Freiburger Hauptbahnhof. Das ist ein tolles Gefühl. Nach knapp zwei Monaten Flucht erreiche ich am 18.10.2013 mein Zwischenziel Deutschland. Da ich natürlich kein Wort deutsch spreche, bin ich etwas ratlos, wie ich nun ein Ticket nach Schweden bekommen soll.

Ich schaue mich ein wenig um und höre doch tatsächlich hier am Bahnhof einen Mann arabisch sprechen. Wie sich herausstellt, ist er aus dem Libanon. Ich gehe zu ihm und frage einfach, ob er mir helfen kann, ein Ticket nach Schweden zu kaufen. Ohne mich zu kennen, ist er bereit, mir zu helfen, was wirklich sehr freundlich und mutig von ihm ist. Ich bin sehr dankbar für seine Geduld mit mir! Ich tausche meine letzten 500 Dollar um, wovon ich 350 Euro für das ICE-Ticket nach Schweden brauche. Weil der Zug erst um 19 Uhr abends geht, nimmt der freundliche Mann mich sogar mit zu sich nach Hause und gibt mir etwas zu essen. Ich bin richtig happy.

Als ich um kurz vor sieben wieder am Bahnhof ankomme, stehen da schon vier Polizisten. Es kommt mir vor, als hätten sie auf mich gewartet. Vielleicht hat der Mann am Ticket-Schalter etwas gemeldet?

Dann geht alles sehr schnell. Der Mann aus dem Libanon wird zusammen mit mir festgenommen, weil die Polizisten denken, dass er mein Schleuser ist. Das tut mir sehr leid.

Auf dem Polizeipräsidium wird klar, dass ich in Deutschland bleiben muss und keine Chance mehr habe, nach Schweden zu kommen.

Mit dem Polizeiauto werde ich zum Jugendamt gefahren, weil ich noch minderjährig bin. Dort begegne ich netten Menschen, die mich zu einer Familie bringen. Eine Familie mit drei Kindern, denen ich sehr viel verdanke. Von ihnen werde ich wirklich freundlich aufgenommen und bekomme viel Unterstützung, besonders bei Behördengängen für mein Asylverfahren. Durch das Familienleben lerne ich viel über die Deutschen und das Leben hier und ich besuche meinen ersten Sprachkurs. Die Familie schenkt mir sogar ein Fahrrad und von der Großmutter erbe ich Teller und Töpfe.

Ich bin 19 und spreche fließend Deutsch. Ich habe eine kleine Wohnung, besuche noch immer einen Sprachkurs, habe einen Minijob, gehe ins Fitnessstudio und habe eine feste Zusage für einen Schulplatz. Ich freue mich so sehr darüber! Ich bekomme Unterstützung von zwei Betreuern, die mir weiter bei Behördenangelegenheiten, Haushaltsfragen etc. zur Seite stehen.

Mittlerweile bin ich schon zwei Jahre in Deutschland und besuche seit ein paar Wochen die elfte Klasse eines Gymnasiums. Aus heiterem Himmel bekomme ich auf einmal einen Anruf aus München. Von meinem Vater und meiner Schwester! Ich bin völlig baff. Die beiden haben es auch nach Deutschland geschafft! Ich lasse alles stehen und liegen und fahre nach München, um sie abzuholen. Nach über zwei Jahren kann ich sie endlich wieder in den Arm nehmen. Doch ich bin auch ein wenig verwirrt. Wo ist meine Mutter? Vater erklärt mir, dass sie krank ist und zu schwach für die anstrengende Flucht, außerdem hätten sie nicht genug Geld für eine Flucht zu dritt gehabt. Sie wollen versuchen, Mutter später nachzuholen, wenn wir in Deutschland anerkannte Flüchtlinge sind. Mit meinem Vater und meiner Schwester fahre ich nach Freiburg, wo wir zwei Tage zusammen verbringen können. Zwei Tage, um uns mehr als zwei Jahre unseres Lebens zu erzählen. Außerdem will ich ihnen natürlich so vieles über Deutschland erklären wie möglich: wie man hier lebt, wie man sich verhält, wie die Deutschen sind. Dann müssen sie nach Karlsruhe, um sich registrieren zu lassen, und weiter Richtung Tübingen, wo sie in einem Asylbewerberheim leben sollen. Ich werde alles mir Mögliche tun, damit sie auch in Freiburg leben können.

Die Schule gefällt mir. Jeden Tag habe ich von 8.00 bis 17.30 Uhr Unterricht, weil ich auf derselben Schule ein Förder- und Nachhilfeprogramm für Asylanten besuche. Obwohl ich abends sehr müde bin, bin ich froh über die tolle Chance, Abitur machen zu können.

Durch das Jobben in einer kleinen Firma habe ich gelernt, wie gründlich und exakt in Deutschland gearbeitet wird. Und wie viel hier jeder täglich arbeitet. Das fasziniert mich. Die Deutschen sind so diszipliniert und genau, was mir echt gut gefällt! Was ich auch schnell gemerkt habe, ist, dass hier sehr viel Geld für Autos ausgegeben wird.

Ich sehe, wie engagiert die Menschen in meinem Umfeld sind. Meiner Meinung nach sollten diejenigen, die sich hier nicht richtig verhalten, gegen die Regeln verstoßen oder kriminell werden, faul sind oder nur auf alles schimpfen, keine Unterstützung bekommen. Egal, ob Einwanderer oder Deutsche. Einige genau solcher Menschen habe ich hier in Deutschland auch kennengelernt. Geradc in meiner Anfangszeit hatte ich einige schlechte und falsche Freunde. Das geht so schnell, und es ist anfangs schwierig zu unterscheiden. Ich bin sehr enttäuscht worden, auch von Syrern in Deutschland. Da will ich mich zukünftig wirklich abgrenzen.

Wenn man hier studiert oder eine Ausbildung macht und sich an die Regeln hält, gut mit den Leuten umgeht, gut deutsch spricht, dann wird man ganz genau wie ein Deutscher behandelt. Das hoffe ich, und ich sehe Wege, anzukommen und ganz normal zu leben.

Es gibt immer auch Leute, die mir sagen: »Du wirst nie wie ein Deutscher behandelt werden!« Zu solchen Leuten sage ich: »Ach komm! Ich will wirklich dranbleiben, meine Hausaufgaben machen und lernen. Ich glaube, dass es möglich ist, durch Disziplin etwas zu erreichen und akzeptiert zu werden.«

Noch bevor in Syrien der Krieg ausgebrochen war, hatte ich einen Bekannten, der in Deutschland studierte. Heute ist er Professor an einer Universität in Deutschland.

Er ist mein Vorbild. Das ist meine Motivation.

Ich denke, es ist möglich, seinen eigenen Weg zu finden.

STECKBRIEF IRAN

Lage – Kontinent: Asien

Einwohnerzahl: ca. 75 Millionen

Landesfläche: 1,6 Millionen km^2

Hauptstadt: Teheran

Staatsform: Islamische Republik

Amtssprache(n): Persisch

Mehrheitsreligion: Islam

Durchschnittseinkommen/Jahr in $: 4 520 $

Hauptprobleme laut UNO: Folter, Hinrichtungen, willkürliche Haft, Entrechtung von Frauen und Minderheiten

Hinrichtungen: Ja

Verfolgte Gruppen: Christen, Juden, Sufis, sunnitische Muslime

ALS FLÜCHTLINGSFAMILIE DIE ECHTE FREIHEIT GEFUNDEN

»Mina, achte auf dein Kopftuch. Wenn auch nur ein einziges Haar herausrutscht, wirst du nach deinem Tod daran aufgehängt werden. Falls es reißt, stürzt du ins ewige Feuer der Verdammnis herab!« Die Augen meiner Lehrerin, deren Kopftuch niemals verrutscht, ruhen mit Strenge auf mir. Immer ist sie darauf bedacht, uns Mädchen dazu anzuhalten, bloß keines der Gesetze des Korans zu missachten, um nicht den Zorn Gottes heraufzubeschwören.

Ich wachse im Iran auf. Einem wunderschönen Land, in dem es an jeder Ecke nach köstlichen Gewürzen duftet. Die Menschen hier sind für ihre besonderen Kochkünste und ihre Gastfreundschaft bekannt. Es gibt nicht nur tolle Landschaften mit türkisen Seen, bunten Blumenwiesen und mehrfarbigen Gebirgszügen, sondern auch beeindruckende Sehenswürdigkeiten, wie die altpersische Residenzstadt Persepolis. Der Respekt vor Tradition, Familie und der persischen Kultur ist tief in der Bevölkerung verwurzelt.

Es gibt keine Trennung von Religion und Staat, weshalb unser Alltag sehr vom Islam geprägt ist. Viele unserer Gesetze basieren auf islamischen Geboten und Vorschriften, die von religiösen Führern festgelegt wurden. Auch unsere Feiertage richten sich nach den Geburts- oder Todestagen wichtiger Propheten und Imams.

Fünfmal täglich ertönt aus den Moscheen und auch im Fernsehen das islamische Gebet. Die Gesänge sind überall auf den Straßen zu hören, um alle Muslime daran zu erinnern, sich auf ihre Teppiche gen Mekka niederzuknien und zu beten. Fast in jedem Gebäude ist zu diesem Zweck ein spezieller Gebetsraum eingerichtet und mittags gibt es auf allen Arbeitsstellen eine Gebetspause. Wer gerade draußen unterwegs ist, rollt seinen Teppich einfach auf der Straße aus und betet dort.

Peinlich genau achten wir darauf, nur die Speisen zu essen und Dinge zu tun, die »halal«, also von Gott erlaubt, sind. Ich habe den Eindruck, dass wir uns an viele Regeln nur aus Angst vor dem Zorn Gottes halten. Auch gute Taten geschehen weniger aus Überzeugung oder Mitgefühl als vielmehr aus Angst vor den fürchterlichen Bestrafungen im Jenseits. Gott ist für mich ein ferner Richter, der genau hinsieht, wie ich mich verhalte, und kein Erbarmen kennt.

Von klein auf halte ich im Monat Ramadan das »kleine Fasten« ein, was bedeutet, dass ich zwar die drei Hauptmahlzeiten, jedoch keine Zwischenmahlzeiten essen darf. Mit neun Jahren muss ich mich als Mädchen an alle Regeln der islamischen Religion halten. Jungen müssen dasselbe erst mit zwölf Jahren. Überhaupt macht der Islam viele Unterschiede zwischen Männern und Frauen. So wiegt beispielsweise vor Gericht erst die Zeugenaussage von zwei Frauen genauso viel wie die Aussage eines einzelnen Mannes. Wenn eine Frau einem fremden Mann einen Blick auf ihr Haar ermöglicht oder die falsche Kleidung trägt, sündigt sie.

Mein Vater arbeitet in einer Export-und-Import-Firma für Reis. Weil ein Geschäftspartner aus Rumänien schon länger nicht gezahlt hat, soll mein Vater sich dort um die Geschäfte kümmern. Kurz nach der Geburt meiner jüngeren Schwester fliegt er nach Rumänien, wo er vorerst bleibt. Fast ein Jahr später entscheiden meine Eltern 1998, dass meine Mutter mit uns Schwestern nachkommen soll. Als ganze Familie wollen wir später versuchen, nach England auszuwandern. Ich bin zu dieser Zeit acht Jahre alt und meine Schwester eineinhalb. Meine Eltern wünschen sich für uns Kinder eine bessere Zukunft. Obwohl wir aus einer wohlhabenden Familie stammen, sind sie davon überzeugt, dass wir in Europa viele Möglichkeiten haben würden, die uns hier verwehrt bleiben. Ein Leben ohne Stress, mit viel Freiheit, die Möglichkeit, verschiedene Länder zu sehen und Fremdsprachen zu lernen. Außerdem strebt mein Vater einen beruflichen Durchbruch als Unternehmer an. Ein paar Monate leben wir alle zusammen in Bukarest. Die Stadt ist sehr gefährlich und schmutzig. Überall gibt es Straßenhunde und wegen der großen Armut ist die Kriminalitätsrate sehr hoch. Meine Eltern finden schließlich einen Schlepper, der verspricht, unsere Familie für rund 4000 Dollar nach Österreich zu bringen. Von dort aus wollen wir auf eigene Faust weiter nach England reisen. Wir schließen uns einer Gruppe junger Männer an, die alle von einem Leben in Wohlstand und Freiheit träumen. Ich halte das Ganze zuerst für eine aufregende Urlaubsreise. Dass ich für immer aus allem, was mir bis dahin wertvoll und vertraut ist, herausgerissen werden würde, um ein ganz neues Leben zu beginnen, ist mir nicht bewusst. Es folgen beschwerliche Fußmärsche. Mein Vater muss meine mittlerweile dreijährige Schwester die ganze Zeit über tragen. Ich bin außer ihr das einzige Kind der Gruppe und stets bemüht, mit den Erwachsenen Schritt zu halten. Es ist kalt und regnerisch. Der Schlamm bleibt an unseren Schuhen kleben und macht uns das Vorwärtskommen noch schwerer. Langsam fühlt sich das Ganze nicht mehr wie ein Abenteuerurlaub an. Ich möchte nur noch nach Hause in den Iran, sehne mich nach einem Bad, frischer Kleidung und meinem Bett. Alles, was wir als Familie mitnehmen konnten, ist in meinem Schulrucksack verstaut. Weil es nur einen Satz saubere Kleidung für jeden gibt, muss diese aufgespart werden. Doch weil es für uns keine Möglichkeit gibt, legal nach Europa einzureisen, setzen wir unseren Weg querfeldein fort.

Es ist kalt und wir müssen auch über einen großen See, den wir zu zehnt in einem kleinen Schlauchboot überqueren. Mitten auf dem See beginnt sich das Boot mit Wasser zu füllen. Ich werde niemals das Bild vergessen, wie auf einmal einer der jungen Männer voll Panik in das eiskalte Wasser springt, um das Boot anzuschieben, um uns vor dem Versinken zu bewahren.

Kaum sind wir unbeschadet auf der anderen Seite angelangt, beginnt es zu regen. Mich fröstelt, weshalb mein Vater mir immer wieder Turnübungen zeigt, damit ich nicht krank werde. Wir laufen weiter durch den Wald und übernachten schließlich in einer Lehmhütte. Am nächsten Tag darf ich endlich meine saubere Kleidung anziehen, denn unser Weg führt durch eine Stadt, in der wir auf keinen Fall durch unsere dreckverkrustete Kleidung auffallen und die Blicke der Menschen auf uns ziehen dürfen. Da mir alles wehtut und ich einfach nicht mehr laufen kann, bin ich froh, dass es für ein paar Stunden mit dem Bus weitergeht. An der Grenze zu Ungarn kann ich spüren, wie die Anspannung meiner Eltern wächst. Sie werden ganz still und ermahnen auch mich, bloß nichts zu sagen, um nicht aufzufallen. Als ein paar Spürhunde zu uns in den Bus kommen und unruhig werden, denke ich – jetzt ist es vorbei, jetzt haben sie uns gefunden. Doch wie durch ein Wunder schlagen die Hunde nicht an und verlassen den Bus wieder. Später verabschiedet sich unser Schlepper. Er zeigt uns Zugschienen und sagt, wenn wir diesen folgen, würden wir in ein paar Stunden automatisch Österreich erreichen. Auf den letzen Metern, kurz vor der Grenze, taucht auf einmal ein Soldat auf, der uns beobachtet. Wieder denke ich – jetzt ist es aus. Doch er lässt uns einfach weiterziehen, obwohl er uns verhaften lassen könnte. Meine Eltern atmen auf. Jetzt nur noch die Grenze überqueren, dann sind wir an unserem ersten Ziel Österreich angelangt. Doch an der Grenze werden wir sofort von einer Gruppe Polizisten umzingelt, die uns in rauem Ton zu verstehen geben, dass wir uns niederknien sollen. Als sie meine kleine Schwester entdecken, werden sie auf einmal viel freundlicher. Sie führen uns zur Untersuchungshaft in einen Raum und bieten uns sogar Schokolade und heiße Getränke an. Dann soll mein Vater von uns getrennt in eine Zelle zu den anderen Männern gesperrt werden. Die ganzen letzten Tage habe ich mich ruhig verhalten und keine Fragen gestellt, obwohl ich nicht begreifen konnte, was mit uns passiert. Ich habe tapfer mit den Erwachsenen Schritt gehalten, obwohl mir die Füße furchtbar schmerzten, ich habe nicht gejammert, als mir kalt war und ich mich nach meinem Zuhause gesehnt habe. Doch jetzt verliere ich meine Geduld. Weinend klammere ich mich an meinen Vater. Das alles habe ich doch nur ertragen, weil wir als Familie die ganze Zeit zusammen waren. Dass er nun von uns getrennt werden soll, ertrage ich nicht. Und wieder erleben wir das Mitgefühl der Polizisten, die uns schließlich erlauben, in derselben Zelle zu übernachten. Wie tot falle ich, eng an meine Mutter geschmiegt, in einen traumlosen Schlaf.

Am nächsten Tag werden meine Eltern vernommen. Sie sollen ganz genau die Route unserer Flucht beschreiben. Sogar der Dolmetscher ist überrascht, dass wir fast eine ganze Woche unterwegs waren, und auch über die Art und Weise unserer Flucht.

Mit einem Auto werden wir nach Traiskirchen ins Erstaufnahmelager gebracht, womit unsere Weiterreise nach England unmöglich wird. Als man uns durch die verschiedenen Gebäude führt und uns die Räumlichkeiten für die Interviews zeigt, sind wir geschockt von den Zuständen hier. Es ist wirklich wie in einem Lager. Umgeben von Zäunen, leben viele Hundert Flüchtlingen zusammengepfercht in kleinen Zimmern. Wir haben keine Ahnung, was wir tun müssen und wie lange unser Aufenthalt hier dauern wird.

Die Stockwerke sind mehr oder weniger nach Nationalitäten unterteilt. Uns wird ein Zimmerchen zugewiesen, das wir mit einer anderen iranischen Familie teilen müssen. Der Raum ist kleiner als mein Kinderzimmer zu Hause. Um ein wenig Privatsphäre zu haben, stellen wir die Kleiderschränke als Raumteiler auf. Spätestens als wir von den anderen Familien erfahren, dass sie schon mehrere Jahre hier leben müssen, begreife ich den Sinn unserer Reise nicht mehr. Es sei noch keine Familie schneller als nach zwei oder drei Jahren entlassen worden.

Auf den Gängen gibt es Toiletten und Küchen, die wir uns mit vielen Menschen teilen müssen.

In einem riesigen Speisesaal werden zu bestimmten Zeiten die Mahlzeiten ausgegeben. Wir Flüchtlinge müssen mit unserem Geschirr in einer Schlange stundenlang warten, bis wir an der Reihe sind, was sehr beschämend für uns ist. Doch noch demütigender empfinden wir es, dass nach dem Essen peinlich genau überprüft wird, ob jemand etwas zu essen mit auf sein Zimmer nimmt.

Ich darf eine Kindertagesstätte besuchen und meine Eltern können sich in der Küche ein wenig Geld verdienen. Nur zu bestimmten Zeiten dürfen wir das Gelände verlassen und müssen auch zu festgelegten Zeiten wieder zurückkommen.

Bei einem Spaziergang mache ich eine Entdeckung, die mein Leben verändern wird. Nur fünf Minuten vom Heim entfernt befindet sich die christliche Organisation »Oasis«. Mit staunenden Augen verfolge ich das Kinderprogramm, das von Telma extra für mich in meine Muttersprache übersetzt wird. Eine große blonde Frau, die sich als Kim aus den USA vorstellt, erzählt von Jesus. Sie sagt, Jesus sei für uns gestorben, damit wir nach dem Tod nicht für unsere Sünden bestraft werden müssen. Ich bin begeistert. Wenn ich an Jesus glaube, brauche ich all die schlimmen Bestrafungen Gottes nicht mehr zu fürchten. Sie erzählt auch, dass Jesus wie ein Freund für uns ist, dem wir alles erzählen können. Weil ich mich als kleines Mädchen im Flüchtlingslager sehr einsam fühle und häufig Angst habe, ist das eine tolle Nachricht für mich. Jesus interessiert sich für all meine Sorgen und Nöte, alles, was mich beschäftigt, kann ich ihm erzählen.

In ein paar Tagen ist Weihnachten, und so fragt Kim uns Kinder am Ende, was wir Jesus gern zu Weihnachten schenken würden. Die meisten Kinder erwähnen Puppen und Spielzeug, das sie selbst gern bekommen würden. Nur ich sage, dass ich Jesus mein Herz schenken möchte. Als die Mitarbeiter erfahren, dass ich aus einer muslimischen Familie stamme, sind sie verblüfft über meine Antwort. Sie sprechen noch lange mit mir und wir beten zusammen. Erfüllt von innerem Frieden und der Gewissheit, dass mir niemand meinen neuen Freund Jesus wieder wegnehmen kann, spaziere ich nach Hause. Ich erzähle Jesus, wie sehr es mich belastet, dass ich kein Deutsch kann und hier keine Freunde finde. Ich vermisse meine Familie im Iran und auch mein Kinderzimmer. Zu Hause angekommen, erzähle ich meinen Eltern begeistert, was ich erlebt habe. Meine Mutter ist außer sich. Sie stammt aus einer sehr streng muslimischen Familie und hält mir eine Standpauke: »Wir sind Muslime und das wird auch so bleiben. Du kannst nicht einfach deine Religion wechseln. Außerdem ist der Islam die vollkommene Religion. Mohammad war der letzte Prophet. Er war nach Jesus da. Ich werde mit dir zu diesen Oasis-Leuten gehen und ihnen verbieten, dir weiter Gehirnwäschen zu verpassen.« Mein Vater reagiert viel entspannter und sagt, ich dürfe selbst entscheiden, welcher Religion ich angehören möchte. Er stammt aus einer liberaleren Familie.

Am nächsten Tag geht meine Mutter mit mir zu »Oasis«. Doch anstatt zu schimpfen, fängt sie beim Anblick der Mitarbeiter, die liebevoll Weihnachtsgeschenke für Flüchtlingskinder verpacken, unkontrolliert an zu weinen. Sie ist überwältigt von der Liebe, die die Menschen hier ausstrahlen. Eine Frau kommt auf sie zu und umarmt meine Mutter. Immer wieder sagt Juli ihr, wie sehr Gott sie liebt. Meiner Mutter fällt es schwer, ihr zu glauben. Sie erklärt, was für eine schlechte Muslima sie sei, weil sie in Österreich aufgehört habe, ein Kopftuch zu tragen. Auch sonst würde sie sich nicht mehr an alle Regeln halten, weshalb Gott sicher sehr böse auf sie sei. Die Frau schaut mit ihr einen Jesus-Film an, und meine Mutter löchert sie mit Fragen, weshalb das Ganze mehrere Stunden dauert. In den kommenden Wochen besucht meine Mutter regelmäßig das Frauentreffen in »Oasis« und entscheidet sich schließlich auch, Jesus ihr Herz zu schenken.

Wie durch ein Wunder wird nach nur fünf Monaten in Traiskirchen unser Asylantrag bewilligt. Meine Eltern haben politische Gründe für unsere Flucht angegeben. Unsere Freunde und Bekannte aus dem Lager sind sprachlos, doch ich bin überzeugt davon, dass Gott einen Plan für meine Familie hat und sich deshalb so schnell um die Bewilligung gekümmert hat. Wir dürfen in eine Unterkunft umziehen, in der Asylanten auf die Eingliederung in der Gesellschaft vorbereitet werden. Ich gehe zur Schule und meine ganze Familie nimmt an Deutschkursen teil.

Wir leben in Mödling und erfahren eines Tages von einer iranischen Kirchengemeinde in Wien, die wir regelmäßig als ganze Familie besuchen. Meinem Vater fällt es nicht leicht, uns zu begleiten, weil er kein Christ ist. Um uns spüren zu lassen, wie unwohl er sich fühlt, setzt er sich immer in die hinterste Reihe. Der neue Glaube von meiner Mutter und mir führt nicht selten zu Konflikten in der Familie. Andererseits ist mein Vater überrascht, wie sehr meine Mutter sich verändert hat. Ihre enge Beziehung zu Jesus macht sie ruhiger und geduldiger. Ganz anders als früher, wo das Gebet für sie nur eine religiöse Pflichterfüllung war, genießt sie es jetzt, Zeit mit Gott zu verbringen.

Auch mein Vater betet auf seine Weise zu Gott. Er staunt nicht schlecht, als sich kurz darauf alles, wofür er gebetet hat, erfüllt. Wir bekommen eine eigene Wohnung und mein Vater findet eine Vollzeitstelle bei der Post in Linz. Eines Abends gesteht er uns, dass er immer versucht habe, uns vom christlichen Glauben wieder abzubringen. Er habe sich extra in Linz um eine Arbeitsstelle bemüht, weil es dort keine christliche Gemeinde mit unserer Sprache Farsi gibt. Doch als er zu Vorstellungsgesprächen dort war, habe er mit einem iranischen Christen zusammengelebt, der ihm von einer kleinen christlichen Männerversammlung erzählt hat. Mittlerweile habe er so viele positive Veränderungen und Gebetserhörungen erlebt, dass er diesem Gott der Bibel auch vertrauen möchte. Meine Mutter und ich schauen uns an und strahlen. Auch wenn mein Vater anfangs noch etwas skeptisch ist, überwindet er schließlich, durch viele Erlebnisse mit Jesus, all seine Zweifel. Er engagiert sich in der christlichen Gemeinschaft und organisiert sogar die erste Farsi-sprachige christliche Konferenz Österreichs, auf der er sich schließlich taufen lässt. Später absolviert er ein Fernstudium in Theologie. Mittlerweile ist er ordinierter Pastor unserer iranischen Gemeinschaft, die in den letzten Jahren zu einer richtigen Gemeinde angewachsen ist. Außerdem führt er ein Taxiunternehmen.

Ich studiere Jura und Theologie und möchte später im Familien- und Asylgericht tätig sein. Als freiberufliche Dolmetscherin engagiere ich mich dafür, dass Ausländer sich besser in die Gesellschaft integrieren können. Ich bin Jesus so dankbar für alles, was er für mich und meine Familie getan hat. Ich fühle mich von ihm durch mein Leben begleitet und habe keine Angst mehr vor dem Tod.

In Österreich fühle ich mich sehr wohl, auch wenn ich mich nicht ganz als Österreicherin fühle. Auch zu meinen lieben Verwandten im Iran habe ich noch eine tiefe Verbindung, fühle mich jedoch nicht mehr dazugehörig. So ist das wohl als Flüchtling. Bei all meinen Erfahrungen habe ich gelernt, dass Menschen sich finden und auch wieder trennen können, das einzig Beständige ist meine Beziehung zu Gott. Für mein Geburtsland, den Iran, wünsche ich mir sehr, dass die Menschen dort auch irgendwann in Freiheit leben können. Und dass die Bevölkerung mit freiem Willen entscheiden kann, an wen sie glauben möchte.

STECKBRIEF IRAK

Lage – Kontinent: Vorderasien

Einwohnerzahl: ca. 36 Millionen

Landesfläche: 435 520 km^2

Hauptstadt: Bagdad

Staatsform: Parlamentarische Republik

Amtssprache(n): Arabisch und Kurdisch

Mehrheitsreligion: Islam

Durchschnittseinkommen/Jahr in $: 2 640 $

Währung: Irakischer Dinar

Hauptprobleme laut UNO: Todesstrafe, Folter

Verfolgte Gruppen: Christen, Jesiden

Todesstrafe: Ja

Rang auf dem Weltverfolgungsindex 2015: Platz 3

HIER ERLEBE ICH, DASS ES AUCH MENSCHLICHE REGIERUNGEN GIBT

Als meine Eltern mir 1991 den sunnitischen Namen Omar geben, wissen sie noch nicht, dass mir dieser später einmal zum Verhängnis werden würde. Wir leben als siebenköpfige Familie in der Stadt Mosul, im Norden des Irak. Als das Regime Husseins 2003 von den Vereinigten Staaten und deren Verbündeten gewaltsam gestürzt wird, gelingt es den Besatzern nicht, stabile Strukturen im Land aufzubauen.

Es bilden sich mehrere Gruppierungen, die sich gegen die Besatzungstruppen und den irakischen Regierungsrat, der vom US-Zivilverwalter Paul Bremer eingesetzt wurde, auflehnen. Andere Gruppierungen mit unbekanntem Gedankengut haben gleichermaßen Zivilisten wie auch Soldaten zur Zielscheibe. Ende des Jahres 2005 verschärft sich die Situation in den nördlichen Regionen des Iraks. Bombenanschläge, Morde und Entführungen gehören nun zum Alltag. Immer mehr verhärten sich die Fronten zwischen den beiden muslimischen Glaubensrichtungen Sunniten und Schiiten, die sich nun öffentlich bekriegen. Das hat eine Binnenflucht zur Folge. Sunniten und Schiiten fliehen jeweils aus den Regionen, wo sie die Minderheit darstellen, in die Regionen, in denen sie die

Mehrheit stellen. Es kommt zur Entstehung von rein sunnitischen und schiitischen Gebieten.

Mein Land verwandelt sich in eines der gefährlichsten Länder der Erde, was es uns unmöglich macht, friedlich zu studieren, zu arbeiten oder überhaupt zu leben.

Viele Familien schicken ihre Söhne weg, damit sie sich ein besseres Leben in Sicherheit aufbauen können. Die meisten von ihnen fliehen in die Nachbarländer, nach Syrien und Jordanien. Dort leben keine sunnitischen und schiitischen Bürger, weshalb es weniger Konflikte gibt. Andere emigrieren in die Golfstaaten, wie die Vereinigten Arabischen Emirate. Als nun Gruppierungen auftauchen, die vor allem Christen zur Zielscheibe haben, fliehen diese ebenfalls in die Nachbarländer. Es gibt viele Tote. Die Regierung hat die Kontrolle über das Land verloren und kann selbst mit Unterstützung der US-Truppen keinen ausreichenden Schutz für die Bevölkerung mehr gewähren. Bombenattentate und regelmäßige Anschläge zwischen Sunniten und Schiiten häufen sich. Eltern trauen sich nicht mehr, ihre Kinder in die Schule zu schicken oder selbst zur Arbeit zu gehen. Denn keiner weiß, ob man sich abends am Abendbrottisch wiedersehen wird.

Als die US-Streitkräfte schließlich abziehen, wird die Situation noch prekärer. Doch obwohl offensichtlich Krieg im Land herrscht, wollen viele Iraker ihre Heimat nicht verlassen. Niemand weiß, wie es ihm in einem fremden Land mit fremder Sprache und Kultur ergehen wird. Deshalb harren die Menschen aus und hoffen auf eine Verbesserung der Gesamtsituation.

In meiner Heimatstadt Mosul verhärten sich um das Jahr 2006 die Fronten. Meine Familie ist sunnitisch, so wie die meisten Moslems im Norden Syriens. Die Schiiten bekommen jedoch immer mehr Macht im ganzen Land. Sie nehmen Sunniten willkürlich fest und bringen sie ohne Protokollierung und gerichtliche Verfahren ins Gefängnis. Dort foltert man sie, um Geständnisse zu erzwingen, woran viele Gefangene schließlich sterben. Von der Regierung scheint das toleriert zu werden. Wer zu den Sunniten gehört, lässt sich über den Ausweis leicht feststellen. Es gibt Namensunterschiede und auch der Dialekt ist anders. Von meiner Tante, die beim Fernsehen arbeitet, erfahre ich, dass bereits Tausende Männer mit dem Namen Omar aufgrund ihrer sunnitischen Herkunft ermordet wurden. Auch ich muss ständig um mein Leben fürchten. Ich kann keine offiziellen Dokumente bei den Behörden in der Hauptstadt Bagdad einreichen, weil die meisten Behörden von bewaffneten Milizen kontrolliert werden.

Aufgrund der schlechten wirtschaftlichen Lage meiner siebenköpfigen Familie muss ich mit 15 Jahren das Gymnasium verlassen und zu unserem Lebensunterhalt beitragen. Ich suche mir eine Anstellung als Automechaniker im Industrieviertel Mosuls.

Doch auch auf meiner Arbeitsstelle bin ich in Gefahr. Die Sicherheitskräfte haben die Lage nicht vollständig unter Kontrolle. Immer wieder kommen bewaffnete Gruppen in die Werkstatt und erpressen Schutzgelder von den Händlern und Firmeninhabern. Wer nicht bezahlt, wird entführt, und das Geld wird von der Familie erpresst. Wenn sie die unglaublich hohen Forderungen nicht aufbringen kann, wird die entführte Person zusammengeschlagen oder getötet. Auch mein Arbeitsweg ist nicht sicher, weil es dort häufig zu bewaffneten Kämpfen und Bombenanschlägen kommt. Ziel sind die Soldaten, die auf der Straße zum Industrieviertel an der Stadtgrenze postiert sind. Natürlich kommen auch immer wieder Zivilisten zu Tode, die in die Schusslinie geraten.

Wir Einwohner Mosuls leben, als wären wir schon tot, und unsere Stadt ist zur Geisterstadt geworden. Auch das Reisen zwischen den Provinzen wird aufgrund der bewaffneten Milizen zu einer schwierigen Angelegenheit. Durch den andauernden psychischen Druck beginne ich, nur noch zu funktionieren. Irgendwann nehme ich die Gefahren nicht mehr bewusst wahr. Wir alle verdrängen sie, so gut es geht, um nicht verrückt vor Angst zu werden. Das Jahr 2007 geht zu Ende und die bisher öffentlich ausgetragenen Kämpfe zwischen Sunniten und Schiiten verlagern sich in den Untergrund. Schutz bekommen wir von niemandem mehr, obwohl wir gezwungen werden, dafür zu zahlen. Das Fehlen von Sicherheit und einer Grundversorgung der Bevölkerung ist die Folge von Korruption. Diese hat sich in den irakischen staatlichen Institutionen verbreitet und ermöglicht den Aufstieg von korrupten Beamten in höhere politische Positionen. Die staatlichen Sicherheitsbehörden bestehen nur noch zum Schein und werden von Milizen völlig kontrolliert. Die meisten Verantwortlichen der Behörden kooperieren mit den Milizen und veruntreuen Milliarden von Dollars aus Öleinnahmen und der Staatskasse, was zu Misstrauen der Bevölkerung gegenüber dem Staat führt.

Der Staat hat ein Gesetz verabschiedet, um politisch Andersdenkende festnehmen zu können. Danach werden alle als Terroristen angesehen, die sich gegen die Regierung stellen. Deshalb gibt es Demonstrationen von Sunniten, die für die Freigabe von Tausenden politischen Gefangenen, die Aussetzung des Terrorismusgesetzes, die Aufnahme von Sunniten ins Militär und eine angemessene Vertretung in der Regierung eintreten. Diese Demonstrationen führen zu einer Welle von neuen Festnahmen. In meiner Stadt kommt es zu einer Mordwelle an Islamwissenschaftlern, Politikern, Journalisten und Aktivisten. Es ist kaum vorstellbar, doch das Leben hier wird immer noch schlimmer. Panik bricht aus, da jeder Angst hat, als Nächster zur Zielscheibe zu werden. In den sunnitischen Gebieten breiten sich Armut und Krankheiten aus. Es mangelt an einfachster Infrastruktur. Die nördlichen und westlichen Gebiete sind vom Militär in eine militärische Zone umgewandelt worden. Die Wirtschaft ist rückläufig.

Am 10. Juni 2014 erobert der IS (Islamischer Staat) gewaltsam meine Stadt. Die Vereinigung hat das irakische Militär zurückgedrängt. In Zivil versuchen die Soldaten zu fliehen, und sogar Regierungsmitglieder verlassen Mosul fluchtartig. Der IS macht sich selbst und seine Überzeugungen zum Gesetz. Als Erstes werden öffentliche Plätze sowie Schulen und Wirtschaftsgebäude gesperrt, um sie als Gefängnisse nutzen zu können. Der IS bombardiert sogar historische Gebäude und Sehenswürdigkeiten. Er vernichtet Effekte (Abzeichen auf Uniformen) und erklärt, dass all diese Dinge im Islam verboten seien. Meiner Meinung nach ist das eine Lüge. Anhänger des IS versuchen, alle Kunstschätze zu vernichten, um die Geschichte auslöschen und zu ihren Gunsten neu schreiben zu können. Die Menschen werden im eigenen Land eingesperrt. Niemand, der nicht für den IS kämpft, darf mehr ausreisen. Außer den Christen, die entweder umgebracht oder vom IS gezwungen werden, ihren »Islamischen Staat« zu verlassen.

Ich vermute, dass der IS irgendwann alle Menschen umbringen wird, auch diejenigen, die nicht gegen ihn arbeiten und sich ihm sogar unterordnen.

Ein Leben in dieser Stadt ist einfach unmöglich geworden. Besonders für mich, weil ich noch jung bin und Pläne für die Zukunft habe. Andere Länder schließen sich gegen den IS zusammen und beginnen, seine Hauptquartiere zu bombardieren. Flugzeuge werden abgefangen und die Stadt Mosul isoliert. Es gibt keine Nachrichten mehr, jeglicher Informationsfluss wird gestoppt. Internet haben nur noch Privatpersonen, und wer es nutzen will, muss sich vor dem IS verstecken. Kontakt zu Menschen außerhalb der Stadt ist strengstens verboten. Ich bin hier eingeschlossen und lebe in ständiger Angst. Das halte ich einfach nicht länger aus. Immer wieder höre ich von Freunden, die ohne wirkliche Gründe vom IS festgenommen wurden. Einer nur, weil er eine Zigarette geraucht hat.

Am 27.09.2014 entschließe ich mich deshalb, mit 22 Jahren meine Heimat zu verlassen. Viele Familien fassen zur gleichen

Zeit denselben Entschluss. Aus meiner Familie kann mich leider niemand begleiten, weil wir nicht genug Geld haben. Die Straße nach Sulaimania (Kurdistan) ist noch offen, weshalb ich dort zum Flughafen fahre und in die Türkei fliege. Dort angekommen, mache ich mich auf die Suche nach einem Schlepper, der mich nach Griechenland bringen kann. Nach einem Monat finde ich tatsächlich jemanden, der für 1200 Euro verspricht, mich nach Griechenland mitzunehmen. Zwei Tage später sitze ich mit 24 anderen Flüchtlingen auf seinem Motorboot. Die meisten sind junge Männer, so wie ich. Nur drei Kinder und vier Frauen reisen mit uns. Es ist unglaublich kalt auf dem Boot. Der Wind peitscht uns das Wasser ins Gesicht und unsere Kleidung ist bald ganz durchnässt. Ein Sturm kommt auf. Die Wellen sind so stark, dass das Boot einen Meter hinauf- und dann wieder hinuntergerissen wird. Die Kinder weinen und die Frauen schreien. Wir alle haben Angst und frieren fürchterlich. Nach eineinhalb Stunden entdeckt der Schlepper ein Polizeischiff und befiehlt uns, leise zu sein. Wir sind schon in europäischen Gewässern, ganz in der Nähe einer griechischen Insel, weshalb die Polizei für uns eigentlich nicht mehr gefährlich ist. Doch der Schlepper hat Angst, aufgegriffen zu werden, und weicht deshalb dem Polizeiboot aus. Dann haben wir fast unser Ziel erreicht. Als das Land immer näher kommt, springe ich aus dem Boot und versuche es mit einem Seil an Land zu ziehen, aber das Seil reißt. Ich schaffe es nicht, das Boot an Land zu ziehen, sodass es zurück aufs Meer hinaustreibt. Ein Vater schreit mir zu, ich solle kommen und ihm seine Kinder abnehmen. Das eiskalte Wasser reicht mir bis zum Bauchnabel. Ich gehe zu ihm und nehme die Kinder, während die anderen Männer aus dem Boot springen. Einer von ihnen bringt die Kinder an Land.

Jetzt haben es fast alle ans Ufer geschafft. Nur zwei Frauen sind noch im Boot und haben zu viel Angst auszusteigen, weil sie nicht schwimmen können. Zwei Männer gehen zu ihnen und ziehen das

Boot an Land. Nun können auch die Frauen aussteigen. Weil wir durchnässt sind und vor Kälte zittern, machen wir als Erstes ein Feuer und wärmen uns auf. Drei Stunden später gehen wir zum griechischen Militär. Wir bitten sie um Hilfe mit den Kindern. Sie sind sehr freundlich, geben uns zu essen und führen uns schließlich alle in ein Zimmer. Das Zimmer ist schon voller Menschen, sodass wir kaum noch hineinpassen. Doch die Leute vom Militär sagen uns, dass wir hier bleiben und unsere Daten abgeben müssen. Zwei Tage später holen sie uns von der Insel ab und bringen uns aufs griechische Festland.

Jeder von uns bekommt ein Papier mit seinen Daten, dann dürfen wir gehen. Mit einem Schiff fahren wir nach Athen, wo ich erst mal bleibe. In der Türkei habe ich drei Freunde gefunden. Einer ist auch aus dem Irak und die zwei anderen sind Syrer. Wir beschließen gemeinsam weiterzufliehen. Nach einem Monat finden wir schließlich jemanden, der uns nach Mazedonien fahren will.

Als wir gerade mit dem Auto auf irgendeiner Straße in Mazedonien sind, bleibt der Fahrer plötzlich stehen. Die Polizei fahre gerade auf uns zu, weshalb wir uns ganz ruhig verhalten und warten sollten. Nachdem er mit der Polizei gesprochen hat, verschwindet sie wieder. Doch für den Fahrer ist es jetzt zu gefährlich, weshalb meine drei Freunde und ich aussteigen und zu Fuß weitergehen müssen. Zwei Tage sind wir unterwegs.

Dann können wir ein kleines Stück mit einem Bus fahren, um danach weitere drei Tage zu Fuß zurückzulegen. Eigentlich habe ich keine Angst vor der Polizei. Ich habe so entsetzliche Schmerzen am ganzen Körper, dass ich gar nicht über die Polizei nachdenken kann. Vor allem meine Füße tun unglaublich weh. Bei meinem Versuch, das Boot an Land zu ziehen, habe ich sie an einem Stein gestoßen.

Endlich erreichen wir die serbische Grenze. Leute von der Mafia entdecken und verfolgen uns. Ich bin so müde, dass ich einfach nicht mehr rennen kann. Einer von ihnen schnappt mich und schlägt mir seine Pistole an den Hinterkopf. Er brüllt mich an: »Gib mir dein Geld, dein Handy, alles, was du hast!«

Weil ich keine andere Wahl habe, gebe ich ihm alles. Viel habe ich sowieso nicht mehr. Nur mein Handy, vielleicht 200 Euro und meine Papiere. Dann lassen sie mich laufen und ich gehe zu meinen Freunden, die schneller waren und sich vor der Mafia in Sicherheit bringen konnten. Gemeinsam besuchen wir an der Grenze eine Moschee und bitten um Geld für ein Taxi. Doch sie wollen uns nichts geben, da sie Angst vor Problemen mit der Polizei haben, wenn sie uns bei der Flucht helfen. Wir verstehen das und gehen deshalb wieder ein paar Tage zu Fuß weiter. Irgendwann sind wir alle vollkommen erschöpft. Seit Tagen haben wir kaum geschlafen und fast nichts gegessen. Meine Füße quälen mich. Dann erinnere ich mich an einen Freund, den ich in Griechenland kennengelernt habe und der jetzt in Belgrad sein müsste – vielleicht kann er uns ein Taxi nach Belgrad bezahlen. Ich rufe ihn vom Handy meines Freundes aus an und er willigte ein. Also suchen wir uns zu viert ein Taxi. Der Fahrer sieht unsere Situation und willigt ein, erst am Zielort bezahlt zu werden. Alles funktioniert wie vereinbart. In Belgrad wollen wir in einem Camp schlafen, wofür wir aber Papiere von der Polizei benötigen. Doch wir sind viel zu müde, um uns darum zu kümmern. Unsere Kleidung ist nass vom Regen, und uns ist einfach nur kalt, weshalb wir uns erschöpft außerhalb des Camps niederlassen. Dort begegnet uns ein Schlepper, der uns erzählt, dass er am nächsten Tag mit einigen Autos nach Ungarn und weiter nach Österreich fahren wird. Wenn wir mitfahren wollen, müssen wir ihm 1500 Euro zahlen. Weil wir keine Alternative haben, schreiben wir über Facebook meinem Freund aus Griechenland und fragen ihn, ob er uns noch einmal Geld geben kann. Er willigt tatsächlich ein und schickt das Geld über Western Union an den Fahrer. Dieser erklärt, dass er uns um neun Uhr abends abholen wird. Zur vereinbarten Zeit kommen vier Autos in großen Abständen zum Camp und holen insgesamt 21 Leute ab. Die Fahrt bis zur ungarischen Grenze dauert nur drei Stunden. Alle Autos halten, und unser Fahrer, der der Chef der Operation ist, ermahnt uns, leise zu sein und unsere Handys auszuschalten. Wir dürfen kein GPS verwenden. Dann sollen wir im Gänsemarsch über die Grenze zu einem Treffpunkt in Ungarn gehen. Ich bin sehr angespannt und drehe mich immer wieder um, um zu schauen, ob wir von der Polizei verfolgt werden. Doch es bleibt ruhig.

Sechs Stunden sind wir zu Fuß unterwegs, bevor wir den vereinbarten Treffpunkt erreichen, wo uns ein großes Auto abholt. Damit fahren wir bis nach Österreich, wohin wir höchstens zwei Stunden unterwegs sind. Irgendwo hinter der Grenze werden wir einfach rausgeworfen, ohne zu wissen, wo wir sind. Auf der Straße greift uns bald die österreichische Polizei auf und bringt uns aufs Revier. Das ist aber nicht schlimm, denn wir haben unser Zielland ja erreicht. Sie wollen unsere Ausweise sehen, doch ich kann ihnen nichts geben, weil mir die Mafia alles abgenommen hat. Sie nehmen unsere Fingerabdrücke und schreiben vieles auf. Danach bringen sie uns nach Traiskirchen ins Erstaufnahmeheim. Ich bin sehr erleichtert, endlich schlafen und meine Füße ausruhen zu können. Nach drei Tagen werden wir nach Kärnten in ein Camp in Kirchbach verlegt. Dort leben wir auf engstem Raum mit ca. 50 anderen Flüchtlingen. Nach fünf Monaten darf ich in eine WG nach Villach ziehen, wo ich drei Monate bleibe. Vor allem mithilfe des Internets lerne ich Deutsch. Ich darf auch einen Deutschkurs besuchen, der aber noch viel zu schwierig für mich ist.

Mittlerweile lebe ich seit ein paar Monaten in Wien bei einem Freund. Weil noch andere Flüchtlinge bei ihm leben, ist es sehr voll, doch besser als im Camp.

Eines Tages erlebe ich die schönste Überraschung, seit ich hier bin. Einer meiner Brüder hat es auch nach Wien geschafft und kommt mich besuchen. Er durfte sich in einem Öllastwagen verstecken, wodurch er die Straßensperrungen überwinden konnte. Ich bin überglücklich ihn wiederzusehen. Was mich aber sehr traurig macht, ist, dass der Rest meiner Familie noch immer im Irak ist. Dort haben sich die Lebensbedingungen nicht verbessert. Wegen der gesperrten Straßen und ihrer knappen finanziellen Mittel haben sie kaum eine Chance, Mosul je zu verlassen. Weil sie kein Internet haben, können wir nicht viel Kontakt haben. Ganz selten telefonieren wir miteinander. Ich hätte meinen Bruder gerne bei mir, doch es ist leider kein Platz mehr für ihn in der Wohnung. Er lebt in einem Camp und wir treffen uns regelmäßig draußen.

Jeden Vormittag besuche ich einen Deutschkurs. Später treffe ich mich mit Freunden, am liebsten draußen. Meine Flucht war eine schwierige Zeit für mich. Doch ich bereue es nicht, gegangen zu sein. Hier in Österreich erlebe ich, dass es auch menschliche Regierungen gibt. Sie gehen gut mit mir um, haben mir eine Wohnung besorgt und mich freundlich aufgenommen. Ich erfahre, wie herzlich und gebildet das österreichische Volk ist. Es ist ganz anders als zu Hause. Ich fühle mich geborgen und muss keine Angst mehr haben. Jetzt habe ich auch wieder Ziele und Wünsche für meine Zukunft. Ich möchte meine Schulausbildung abschließen und dann schnell eine Arbeit finden, am liebsten wieder als Automechaniker, damit ich meine Miete bezahlen kann. Ich möchte selbst für mich sorgen und mir mein Leben mit ehrlicher Arbeit verdienen.

STECKBRIEF BOSNIEN-HERZEGOWINA

Lage – Kontinent: im Südosten Europas

Einwohnerzahl: ca. 4,6 Millionen

Landesfläche: 51 129 km^2

Hauptstadt: Sarajevo

Staatsform: Republik: Föderation Bosnien-Herzegowina und Serbische Republik

Amtssprache(n): Bosnisch, Kroatisch, Serbisch

Mehrheitsreligion: muslimisch zu 45 %, orthodox zu 40 %, römisch-katholisch zu 10 %

Durchschnittseinkommen/Jahr in $: 4 780 $

Todesstrafe: Nein

Hauptprobleme laut UNO: Kinderarbeit, sehr hohe Arbeitslosenrate

Währung: Marka

MEINE KINDER SOLLEN ES BESSER HABEN ALS WIR

Ich heiße Rejha und komme aus Bosnien – um genau zu sein, aus Zvornik. Dort wachse ich mit zwei Brüdern in meiner muslimischen Familie auf. Meine Mama arbeitet in einer Tiefkühlfirma und mein Papa bei einer Art Bauhaus. Dort bekommt man alles, was man für den Bau benötigt. So etwas gibt es in Österreich gar nicht, zumindest hab ich es noch nie gesehen. Egal, weiter zu meiner Geschichte.

Meine Eltern ermöglichen mir eine sehr unkomplizierte und einfache Kindheit. Sie tun immer das Beste für mich und ich darf die ersten Jahre meines Lebens sehr behütet aufwachsen. Im Jahr 1992, als ich 13 Jahre alt bin – ich gehe natürlich zur Schule –, verkündet unsere Lehrerin eines Tages, dass wir schulfrei haben! Ich freue mich riesig! Schulfrei ist immer gut! Doch dann finde ich heraus, dass wir schulfrei haben, weil Krieg ausgebrochen ist. Überall wird geschossen und die Straßen sind blockiert. Ich habe furchtbare Angst. Es ist ein politischer Krieg. Bosnien will nicht mehr zu Jugoslawien gehören, sondern ein eigener Staat werden. Die Serben und die anderen wollen das verhindern. Das jugoslawische Heer ist also nach Serbien gekommen. Sie haben quasi die Macht, weil sie viel mehr Geld und Unterstützung haben. Wir Bosnier sind machtlos gegen sie. Ich habe den Eindruck, dass wir jetzt als die »Armen und Dummen« dastehen.

Weil nun Krieg herrscht, tun sich einige Leute zusammen und organisieren Busse, um zu fliehen. Die Flucht ist teuer. 100 Deutsche Mark pro Person, was sehr viel Geld für eine Familie wie uns ist. Aber zum Glück können wir mitfahren. Zuerst fliehen wir nach Tuzla im Nordosten Bosniens, wo meine Tante wohnt. Wir verbringen gemeinsam mit zehn anderen Leuten einige Tage bei ihr. Überall rundherum sind Schüsse zu hören. Natürlich geht sehr schnell das Essen aus und wir alle haben großen Hunger. Mein Opa bringt eine Wolldecke, unter der wir Kinder uns verstecken sollen, damit uns niemand sehen kann.

An diesem Tag verlässt mein Vater das Haus, um per Anhalter Essen zu besorgen. Als ich ängstlich frage, wohin Papa geht, beruhigt meine Mutter mich und versichert, dass er abends zurückkommt. Mein Bruder geht mit nach draußen, um zu spielen. Doch die beiden kommen abends nicht zurück. Jeden Tag warte ich auf sie, doch sie kommen nicht!

Erst nach einem Monat erfahre ich, was geschehen ist. Mittlerweile sind wir für ein paar Wochen in einer Sporthalle untergebracht. Alle anderen wissen schon, dass mein Vater und mein Bruder an jenem Nachmittag gestorben sind. Nur meine Mutter und ich nicht. Als wir es erfahren, bricht meine Mutter vor Schock bewusstlos zusammen. Ich habe große Angst.

Mein Bruder wollte einfach mal einen Panzer sehen und wurde von einem Sniper (Scharfschützen) erschossen. Er ist am fünften Tag des Krieges in den Händen meines Vaters gestorben. Mein Vater ist daraufhin an einem Herzinfarkt gestorben. Das war einfach zu viel für ihn. Weil mein Bruder und mein Vater Zivilisten waren und die Serben nicht wollen, dass das herauskommt, haben sie ihre Knochen überall verteilt. Wir können sie nicht beerdigen und uns nicht von ihnen verabschieden, was uns sehr traurig macht. Meine

Mutter und ich fahren später einmal zurück nach Hause in meinen Heimatort. Dort findet Mama Kleidung von meinem Papa und meinem Bruder, die sie dann wäscht und bis heute aufbewahrt.

In der Turnhalle, in der wir untergebracht sind, gibt es fast kein Essen und keine Duschen. Es ist sehr unhygienisch und stinkt fürchterlich. Nach kürzester Zeit bekomme ich Läuse, wofür ich mich sehr schäme. Läuse sind in unserer Kultur verpönt, weshalb mir das sehr peinlich ist.

Nach eineinhalb Monaten fahren wir in Bussen weiter nach Subotiza – eine Stadt in Serbien. Dort leben wir in einem Flüchtlingscamp und lassen uns serbische Reisepässe ausstellen, die sehr teuer sind. Meine Mutter verkauft sogar ihr Gold, damit wir die Pässe bezahlen können. Denn wir haben Angst und wollen einfach nur weg aus Serbien.

Mein Papa hat immer gesagt, ich muss meine Ohrringe hergeben, weil die Serben sonst die Ohren abschneiden – einfach aus dem Grund, weil sie Schmuck und Gold haben wollen. Seitdem trage ich keine Ohrringe mehr. Das hat sich mir ganz tief eingeprägt, und dieser Gedanke, dass mir jemand die Ohren abschneidet, lässt mich nicht mehr los.

Als die Pässe fertig sind, können wir mit dem Nachtzug nach Wien weiterfahren. Ich habe überhaupt keine Ahnung, wo das liegt. Ich fühle mich orientierungslos, habe keinen Plan, was passiert, und keinen Halt. Wie ein blindes Huhn, das einfach nur weitergereicht wird. Und dann kommen wir in Österreich an. Wenn ich sage »wir«, dann meine ich meine Verwandtschaft und mich – außer den Leuten, die gestorben sind. Viele meiner Verwandten sind erschossen worden. Mein Opa väterlicherseits z. B. wurde hingerichtet. Insgesamt wurden 17 Leute aus meiner Verwandtschaft im Krieg getötet. Da, wo mein Vater herkommt – aus Srebrenica – wurden 9000 Menschen erschossen. In meiner Stadt wurden 4000 Leute erschossen. Vor allem viele sehr junge Männer.

Mein erster Eindruck von Österreich ist gut. Es klingt vielleicht schräg, aber das, was mir als Erstes auffällt, sind die wunderschönen großen Werbeplakate überall. So etwas kenne ich von Bosnien nicht. Es ist fantastisch! Wir sind so viele Leute und es geht alles sehr hektisch zu. In einem Flüchtlings-Auffanglager bekommen wir Schwarzbrot. Mein Bruder leidet daraufhin unter einer Panikattacke. Ihm ist sowieso schon alles zu viel und jetzt sieht auch noch das Essen anders aus als in Bosnien.

Wir werden in einem Hochhaus mit 50 Betten untergebracht: Bett neben Bett – in einer ehemaligen Bäckerei. Alles ist sehr gut organisiert. Die Österreicher helfen uns wirklich sehr. Jeder bekommt frisches Obst und es gibt genug zu essen für alle! Die Leute sind sehr freundlich zu uns! Anfangs habe ich ständig Kopfschmerzen und Nasenbluten. Einerseits ist das der Klimawechsel und andererseits das Deutschreden, was mich sehr anstrengt. Nach einem Monat ziehe ich mit einem Teil meiner Familie nach Graz. Die anderen müssen in Wien bleiben. Wir werden einfach auseinandergerissen. Im Stadtteil St. Peter werden wir über die Sommerferien in einer Schule untergebracht. Die Österreicher sind sehr freundlich – wirklich! Danach kommen wir in ein Hochhaus im Stadtteil Puntigam. Ich darf drei Jahre lang die Hauptschule besuchen, wo ich viel nachholen muss. Vor allem die deutsche Sprache! Insgesamt habe ich sicher fünf Jahre lang den Flüchtlingsstatus. In Graz lerne ich einen jungen Mann kennen. Ich bin 15 Jahre alt. Wir sind drei Jahre lang sehr eng befreundet und ziehen dann zusammen. Das ist meine erste große Liebe, die aber nicht hält. Er arbeitet als Tellerwäscher und ich als Küchenhilfe in einem Hotel. Wir arbeiten beide 40 Stunden. Der Chef möchte, dass ich weiter zur Schule gehe, doch ich möchte einfach nur arbeiten, arbeiten, arbeiten. Ich will Geld verdienen und hier Fuß fassen. Nach zwei Jahren kündige ich und beginne bei Frankowitsch (DER Brötchenladen in Graz). Dort backe ich nun schon seit 18 Jahren Brötchen.

Meine Mutter hat acht Jahre lang den Flüchtlingsstatus. Leider muss sie danach zurück nach Bosnien, da sie hier keine Arbeitsbewilligung bekommen hat. Ich setze mich dafür ein, dass mein Bruder in Österreich bleiben kann. Er darf bleiben und lebt, so wie ich, bis heute in Graz. Auch ich darf bleiben, weil ich mich um alles kümmere und eine Arbeitsbewilligung habe.

Anfangs wird das Visum jedes Jahr verlängert. Dann irgendwann bekomme ich tatsächlich die österreichische Staatsbürgerschaft, was mich 3 000 Euro kostet. Unser Haus in Bosnien ist im Krieg in die Luft gesprengt worden. Seitdem meine Mutter zurückgebracht wurde, zahle ich für sie Miete. Sie bekommt nur 100 Euro Rente. Ich kämpfe und kämpfe, um meine Familie dort unten zu finanzieren. In Bosnien herrscht immer noch eine große Armut. Ich gehe arbeiten und zusätzlich noch putzen, nicht weil mir langweilig ist, sondern weil ich muss, um meine Familie zu versorgen. Das ist sehr stressig. Meine Mutter wohnt mit einer Frau zusammen, die einen Sohn hat. Bei einem Besuch lerne ich ihn kennen und wir heiraten später. Dann zieht er zu mir nach Österreich. Leider hat er viel mehr vom Krieg mitbekommen als ich. Auf seinem Schulweg musste er tote Menschen sehen, die von Granaten getroffen wurden. Er musste immer 30 Kilometer zu Fuß gehen. Vor seinen Augen sind Menschen getötet und einfach so von Granaten zerfetzt worden. Er erzählt mir, dass es ein furchtbarer Geruch war, wenn Menschen begonnen haben zu brennen. All diese Bilder und Eindrücke hat er nach wie vor im Kopf und sie bleiben. Zum Glück hat er gelernt, damit umzugehen.

Wenn ich ganz ehrlich bin – ich mag Bosnien nicht mehr. Ich fahre manchmal runter, weil meine Mutter dort lebt. Doch ich habe nur schlechte Erinnerungen an Bosnien. Mir gehts hier wirklich viel besser.

Drei Jahre nachdem ich nach Österreich gekommen bin, bekam ich Morbus Crohn. Das ist eine Darmerkrankung, die bei mir sicher psychisch bedingt ist wegen der vielen Not und dem Leid, was ich mitbekommen habe. Bis heute hat es nie ein Begräbnis für meinen Bruder und meinen Vater gegeben und ich hatte nie die Möglichkeit, mich von ihnen zu verabschieden. Das belastet mich sehr, und ich weiß nicht wirklich, wie ich damit umgehen soll. Ich gehe jetzt regelmäßig zu einer Psychologin, was mir sehr guttut. Anfangs war mir das peinlich, weil ich dachte, nur psychisch kranke Leute machen eine Psychotherapie. Mittlerweile verstehe ich, dass es gut und wichtig ist, dass ich das mache, und es hilft mir, über diese Dinge zu reden.

Auch heute habe ich noch eine tiefe Traurigkeit in mir. Ich vermisse meinen Papa sehr, weil ich mit ihm eine schöne Kindheit verbinde. Seit Papa tot ist, ist mein Leben schwer und zur Hölle geworden. Seit ich fünfzehn Jahre alt bin, arbeite ich. Mein Leben besteht vor allem aus arbeiten, arbeiten, arbeiten. Seit Papas Tod musste ich mich immer um meine Mutter kümmern. Mein um fünf Jahre jüngerer Bruder unterstützt meine Mutter natürlich auch. Ich weine oft im Schlaf und mein Kissen ist nass, wenn ich aufwache. Die Gedanken »was wäre, wenn ... was wäre, wenn ...« beschäftigen mich sehr. Auch wenn ich weiß, dass es nichts bringt. Zum Glück bin ich schnell vom Krieg weggekommen, sonst wäre alles noch schlimmer.

Ich lebe nun schon 23 Jahre in Österreich und spreche fließend Deutsch. Mein Mann und ich haben zwei Kinder. Wir sind immer noch Muslime. Weil wir in Österreich leben und uns an die Kultur anpassen wollen, sind wir sehr moderne, demokratische Muslime, doch die Religion ist uns wichtig. In unsere Kinder investieren wir viel. Unsere Tochter ist die Beste in der Klasse und redet fließend Deutsch. Sie geht in den Schülerhort. Ich arbeite so viel, damit meine Kinder es im Leben besser haben als wir. Sie sollen schön und sauber sein und eine gute Bildung bekommen. Das gibt uns Hoffnung, auch wenn wir uns dafür selbst ein Stück weit aufgeben und aufopfern.

STECKBRIEF TOGO

Lage – Kontinent: Westafrika

Einwohnerzahl: ca. 6,5 Millionen

Landesfläche: 57 785 km^2

Hauptstadt: Lomé

Staatsform: Präsidialsystem mit zwei Kammern: Nationalversammlung und Senat

Amtssprache(n): Französisch

Analphabeten: 39,1 %

Mehrheitsreligion: Naturreligionen, Christentum (Katholiken), Islam

Durchschnittseinkommen/Jahr in $: 560 $

Todesstrafe: Nein

Hauptprobleme laut UNO: Kinderhandel, Folter

Verfolgte Gruppen: Homosexuelle

Währung: 100 CFA-Franc = 0,15 Euro

ES IST SCHRECKLICH SCHÖN, IN DEUTSCHLAND ZU SEIN

Ich verdanke Deutschland die schönste Zeit meines Lebens. Hier habe ich meine Frau gefunden und die wunderschönste Tochter der Welt bekommen. Gleichzeitig war ich aber noch nie so verzweifelt, so hoffnungslos und fühlte mich so gedemütigt wie in Deutschland. Und das, obwohl man mich in meinem Heimatland umbringen wollte.

Ich werde als Jüngstes von sechs Geschwistern in Togo, Westafrika, geboren. Obwohl mein Vater stirbt, als ich fünf Jahre alt bin, habe ich eine sehr schöne, unbeschwerte Kindheit. Schon früh beginne ich mich für Politik zu interessieren. Schließlich studiere ich Wirtschaftswissenschaften und engagiere mich in der politischen Studentenbewegung. Togo wird von einem Präsidenten und seinem autoritären Militärregime regiert, weshalb wir uns für freie Wahlen und Demokratie einsetzen. Das ist nicht ungefährlich, weil das Militär und die Polizei ständig präsent sind. Wir werden bespitzelt und jede negative Bemerkung über die Regierung wird sofort gemeldet. Es kommt zu Übergriffen, Drohungen und Verhaftungen. Mein Lieblingsprofessor wird mitten in einer Vorlesung vor aller Augen abgeführt, weil er sich in der Opposition engagiert.

Trotzdem trete ich nach meinem Studium ebenfalls der Oppositionsbewegung bei, nachdem ich einen guten Arbeitsplatz gefunden habe.

Im Februar 2005 stirbt schließlich unser Präsident und dessen Sohn übernimmt, ohne dass Wahlen stattfinden, seine Position. Togo ist offiziell eine Republik, was bedeutet, dass der Präsident vom Volk demokratisch gewählt werden soll. Mithilfe von internationalem Druck werden schließlich Wahlen durchgeführt. Der Sohn des Präsidenten gewinnt mit 60,22 Prozent, was die Opposition von massivem Wahlbetrug ausgehen lässt. Während der nun neu aufflammenden Widerstände werden fast tausend Menschen vom Militär und der Polizei umgebracht. Auch viele meiner Freunde und Verwandten werden ermordet.

Die Regierung versucht mich immer wieder, auf ihre Seite zu ziehen. Sie bietet mir sogar einen lukrativen Job an, den ich jedoch ablehne, weil ich mir niemals vorstellen könnte, für sie zu arbeiten. Deshalb stürmen sie eines Tages meine Wohnung und zerstören sie völlig. Glücklicherweise bin ich an diesem Tag nicht in der Stadt, sodass sie mich nicht verhaften können. Durch diesen Vorfall wird mir jedoch bewusst, dass mein Leben in Togo in großer Gefahr ist. Ohne zu den Überresten meiner Wohnung zurückzukehren, hole ich meine Papiere, die ich sicherheitshalber bei meiner Mutter deponiert habe, und fliehe über die grüne Grenze nach Ghana. Aber auch dort bin ich nicht sicher. Es gibt zu viele Spitzel. Ein Freund leiht mir seinen internationalen Pass, da ich nicht die Zeit habe, ein Visum zu beantragen. Ich fliehe mit dem erstbesten Flugzeug. So komme ich im Jahr 2005 mit 32 Jahren eher zufällig nach Deutschland. Da mein Freund und ich uns sehr ähnlich sehen, bemerkt weder die ghanaische noch die deutsche Polizei, dass ich nicht die Person auf dem Pass bin.

Am Münchner Flughafen treffe ich ein nettes Ehepaar von den Zeugen Jehovas, die Französisch sprechen. Sie fahren mich zur Post, wo ich meinem Freund seinen Reisepass zurückschicke. Danach darf ich sogar mehrere Tage bei ihnen übernachten. Als ich mich ein wenig erholt habe, begleiten sie mich zum Bundesamt für Migration und Flüchtlinge, wo ich Asyl beantrage. Zwei Polizisten durchsuchen mich und meinen Koffer und nehmen mir alle Papiere ab. Schließlich werde ich registriert, wofür ich auch meine Fingerabdrücke abgeben muss. Ich werde nach Karlsruhe gebracht, wo ich in einem sehr kleinen Zimmer mit sieben anderen Flüchtlingen lebe. Am Tag und in der Nacht kommen ständig Polizisten und durchsuchen unser Zimmer und unser Gepäck, ohne uns zu sagen, was sie eigentlich suchen. Einmal wache ich um vier Uhr morgens mit einer Pistolenmündung an meiner Schläfe auf. Der Polizist hat sich im Zimmer geirrt. Nach diesem Erlebnis wache ich noch jahrelang jeden Morgen um vier Uhr auf und kann nicht mehr einschlafen.

Wir Asylbewerber dürfen nicht arbeiten, solange wir auf unsere Anhörung und die Antwort auf unseren Asylantrag warten. Nach sechs Wochen werde ich schließlich in eine kleinere Stadt im Südwesten Deutschlands verlegt. Ich bekomme Gutscheine für Kleidung und Lebensmittelkarten. Einmal die Woche kommt ein Lkw mit Lebensmitteln, die mit Punkten gekennzeichnet sind. Anhand der Punkte wird berechnet, wie viele Lebensmittel jeder von uns bekommt. Es reicht mir jedoch nie für eine ganze Woche. Zur Ergänzung bekomme ich vom Landratsamt 45 Euro pro Monat. Um die abzuholen, muss ich allerdings Fahrscheine für den Bus und die Bahn im Wert von 10 Euro kaufen. Da mein Asylantrag im ersten Verfahren abgelehnt wird, suche ich mir einen Anwalt, den ich von meinen verbleibenden 35 Euro monatlich auch noch bezahlen muss. Die Behörden glauben mir nicht, dass ich politisch verfolgt werde. Stattdessen nehmen sie an, dass ich aus wirtschaftlicher Not geflohen bin, was kein Grund für Asyl wäre. Das verstehe ich nicht, denn Hunger ist meiner Meinung nach viel schlimmer als Verfolgung, da Verhungern ein langsamer, qualvoller Tod ist.

Erschossen zu werden ist, glaube ich, angenehmer. Hunger wäre für mich noch viel mehr ein Grund für Asyl.

Obwohl mein Anwalt bereit ist, in 25-Euro-Raten bezahlt zu werden, bin ich total knapp bei Kasse. Arbeiten darf ich immer noch nicht. Meine Duldung gilt jedes Mal nur für drei Monate, so lange, bis sie mich endgültig abschieben können. Mir bleibt nichts anderes übrig, als im Müll nach Pfandflaschen zu suchen. Zusätzlich bewerbe ich mich im Rathaus für einen Ein-Euro-Job. Ich bekomme den Job und muss fortan die Rathäuser sauber halten und das Auto des Bürgermeisters waschen. Nach einiger Zeit darf ich in der Registratur des Rathauses arbeiten, weiterhin für einen Euro die Stunde. Dem Abteilungsleiter gefällt meine Arbeit so gut, dass er mich gern fest anstellen möchte. Leider lehnt die Asylbehörde meinen Antrag sofort ab. Ich bin wütend und traurig. Von dem Geld hätte ich doch sogar selbst für meinen Lebensunterhalt sorgen können. Neben der Arbeit bemühe ich mich, Deutsch zu lernen. Die Kurse an der Volkshochschule bezahle ich selbst. Manchmal gibt mir eine nette Familie auch etwas Geld dafür.

Eines Tages lerne ich im Rathaus eine sehr freundliche ältere Dame kennen. Sie hat Kontakt zu einer Frau, die für eine Hilfsorganisation in Togo arbeitet. Diese Frau trifft sich mit meiner Mutter und meiner Schwester und glaubt mir deshalb sofort, in welcher Gefahr ich in meinem Heimatland bin. Die ältere Dame, die ich liebevoll meine deutsche Oma nenne, lädt mich oft zum Essen ins Restaurant ein und setzt sich sehr für mich ein. Sie ist Mitglied einer großen deutschen Partei und sehr einflussreich. Doch obwohl sie beim Oberbürgermeister, bei Mitgliedern des Landtages, beim Regierungspräsidium und bei vielen anderen Stellen für mich vorspricht, hat sie keinen Erfolg. Deutschland will mich einfach nicht aufnehmen. Trotzdem tun mir die Treffen mit meiner »Oma« sehr gut. Sie schafft es immer, mich zum Lachen zu bringen, obwohl ich in der ständigen Angst vor Abschiebung leben muss. Oft schlafe ich jetzt bei hilfsbereiten Deutschen, da die Polizei vorzugsweise nachts die Flüchtlinge aus ihren Betten holt, um sie abzuschieben. So unbarmherzig Deutschland mit mir umgeht, so offen, freundlich und hilfsbereit sind die Deutschen.

In dieser schlimmen Zeit kommt auf einmal die Zulassung für ein Stipendium aus Kanada. Ich hatte mich dort um ein Stipendium für meine Doktorarbeit beworben, als es in Togo immer brenzliger für mich wurde. Schließlich musste ich fliehen, bevor ich eine Antwort bekommen hatte. Nach einigen Gesprächen mit der kanadischen Universität, in denen ich erfahre, was ich alles für ein Visum brauche, versuche ich einen aktuellen togoischen Pass zu bekommen. Das ist eine echte Herausforderung, langwierig und vor allem teuer. Da nach drei Jahren immer noch »Erwerbstätigkeit nicht gestattet« auf meiner Duldung steht, bemühe ich mich während des ganzen bürokratischen Hin und Her weiter um eine Arbeitserlaubnis. Leider ergebnislos. Erst als ich mir selbstständig einen 400-Euro-Job suche, wird mir, mithilfe des Asylpfarrers, endlich erlaubt zu arbeiten. Ich soll zwei Stunden am Tag Hilfsarbeiten verrichten, arbeite aber vier Stunden und hoffe auf eine Festanstellung. Da ich nun ein eigenes Einkommen habe, muss ich von den 400 Euro die Miete für das Asylbewerberheim selbst zahlen. Ich habe noch weniger Geld zur Verfügung als zuvor, bin aber glücklicher. Die Arbeit gibt mir ein Stück meiner Würde zurück. Als mein Chef jedoch meine Duldung sieht und begreift, dass ich keine Chance habe, in Deutschland zu bleiben, entlässt er mich. Ich finde einen neuen Job bei einer Reinigungsfirma, Vollzeit für 1 200 Euro brutto im Monat. Zur gleichen Zeit lerne ich in der Kirche meine Freundin kennen. Sie studiert Medizin und ist die erste Person, die mir uneingeschränkt glaubt und mich auf Augenhöhe behandelt. Ich bewundere sie sehr dafür, dass sie mich regelmäßig im Asylbewerberheim besucht, als wäre es das Selbstverständlichste der Welt.

In dieser Zeit wird meine Situation immer prekärer. Ständig bekomme ich Briefe von der Ausländerbehörde, die mich auffordert, das Land sofort zu verlassen. Durch eine Person aus der Gemeinde, die bei der Polizei arbeitet, erfahre ich rechtzeitig, dass mich die Polizei in einer Nacht ohne Ankündigung abholen will. Sie wollen mich nach Berlin bringen, um meine Identität so weit zu klären, dass sie mich endgültig abschieben können. Diese Person hat ihren Job damit riskiert, mich zu warnen, wofür ich ihr sehr dankbar bin. Um einem nächtlichen »Überfall« zuvorzukommen, der mich sicherlich sehr belasten würde, fährt mich der Vater meiner Freundin an diesem Abend zur Polizei. Obwohl ich nichts verbrochen habe, werden mir alle meine Sachen abgenommen, und ich werde in eine Zelle gesperrt. Am nächsten Morgen bringen sie mich allein in einem Gefangenentransporter nach Berlin zu einem Ministerium. Die Fahrt dauert sechs Stunden. Meine Freundin und ihre Eltern fahren separat nach Berlin, da ihnen nicht erlaubt wird, mich selbst hinzufahren. Sie wollen mich seelisch und moralisch unterstützen und mir ersparen, dass ich auch die Rückfahrt wieder im Gefangenentransporter bewältigen muss. Im Ministerium stehen in einem Gang an der Wand entlang überall Polizisten Wache. Viele Afrikaner werden in Handschellen hereingeführt. Die Atmosphäre ist bedrückend und hoffnungslos. Bei meiner Befragung sind zwei Polizisten, ein Dolmetscher und ein Vertreter der togoischen Botschaft anwesend. Eine Polizistin schreit mich die ganze Zeit so laut an, dass sie sogar die Familie meiner Freundin draußen schreien hört. Der Dolmetscher erklärt mir, dass ich unmöglich von Deutschland aus nach Kanada reisen kann, sondern zuvor in mein Heimatland zurückkehren muss. Was die Beamten nicht wissen, ist, dass ich schon lange freiwillig zurückgegangen wäre, wenn mein Leben nicht in Gefahr wäre. Überhaupt wäre ich erst gar nicht nach Deutschland geflohen. Die Befragung dauert mehrere Stunden und dient nur dem Zweck, mich endgültig abschieben zu können. Danach darf ich vorerst wieder nach Hause.

Ich fühle mich in Deutschland immer unsicherer. Meine einzige Hoffnung ist das Stipendium in Kanada. Doch obwohl ich endlich einen togoischen Pass und eine Zulassung zur kanadischen Universität bekomme, wird mir das Visum von Kanada verweigert. Sie glauben nicht, dass ich nach dem Studium das Land wieder verlassen würde. Ich bin am Boden zerstört und lebe in ständiger Angst vor der Abschiebung. Ich bin mir sicher, dass mich in meiner Heimat Gefängnis, Folter oder Tod erwarten.

Auf der Ausländerbehörde arbeiten einige nette Damen, die mir helfen wollen. Eine will mich sogar heiraten. Ich lehne ab, bin aber gerührt über dieses Angebot. Eine Scheinehe kommt für mich nicht infrage, auch weil ich natürlich auf eine Zukunft mit meiner Freundin hoffe. Die ständige psychische Belastung, die tägliche Angst und Unsicherheit sind für unsere junge Beziehung nicht gerade förderlich. Doch mit Gottes Hilfe schaffen wir es durch diese schwierige Zeit.

Mein nächster Plan ist ein Studium in Deutschland, um hier bleiben zu können. Dazu muss ich aber einen schweren Deutschtest mit »sehr gut« bestehen. Neben meiner anstrengenden Arbeit, mittlerweile als Landschaftsgärtner, versuche ich zu lernen, um diesen Test zu bestehen. Ich schaffe aber immer nur in drei von vier Kategorien ein »sehr gut«. Mittlerweile schlafe ich dauerhaft bei einem Ehepaar aus der Gemeinde, das mir sogar einen Hausschlüssel gegeben hat. Ich habe einfach zu viel Angst in meinem Zimmer im Asylbewerberheim.

Als ich schließlich eine bessere Arbeit in einem Lager finde, bei der ich wegen meiner befristeten Duldung allerdings alle drei Monate einen neuen Vertrag unterschreiben muss, und meine Freundin im letzten Jahr ihres Studiums ist, beschließen wir zu heiraten. Das hört sich einfach an, ist aber ein Marathon-Amtslauf.

Über ein Jahr lang versuchen wir alle möglichen Dokumente und Papiere zu erhalten, um alle Behörden zufriedenzustellen. Ich habe z. B. nicht gewusst, dass man zum Heiraten neben dem Universitätsdiplom und dem Abiturzeugnis auch noch ein Grundschulzeugnis vorlegen muss. Auch meine Familie wird in Togo vorgeladen und stundenlang verhört. Für die ganzen Papiere muss ich über 2 000 Euro zahlen. Schließlich bekommen wir grünes Licht vom Standesamt und müssen innerhalb von sechs Monaten heiraten, sonst müssten wir alle Dokumente neu beantragen. Unsere Hochzeit wird ein wirklich sehr schönes und fröhliches Fest.

Doch auch danach sind die Schwierigkeiten nicht vorbei. Die zuständige Beamtin des Landratsamts unterstellt uns eine Scheinehe und droht gleich mehrfach mit Freiheitsstrafen. Sie verkürzt willkürlich meinen Aufenthaltstitel auf vorläufig nur ein Jahr, was für die Arbeit natürlich nicht gerade hilfreich ist.

Es tut mir immer noch weh, nicht in meinem Bereich als Wirtschaftswissenschaftler arbeiten zu können. All die Mühe, Zeit und das Geld, das ich in mein Studium investiert habe – umsonst. Aber ich bete weiter und bewerbe mich fleißig, obwohl ich immer Absagen erhalte.

Trotz allem hat Gott mich reich gesegnet. Als ich noch im Asylbewerberheim lebte, saß ich eines Tages um Mitternacht am Fenster und betete unter Tränen zu Gott. Auf einmal hatte ich die tiefe Gewissheit von seiner Gegenwart. Das meiste, um das ich Gott gebeten hatte, ist mittlerweile eingetreten. Ich habe die Frau meines Lebens geheiratet und eine tolle Tochter bekommen. Ich bin hier in Deutschland in Sicherheit und von so vielen lieben Menschen umgeben. Mittlerweile habe ich endlich auch eine unbefristete Aufenthaltsgenehmigung bekommen.

Gott sei Dank!

WEITERFÜHRUNG

DER ERSTE EINDRUCK ZÄHLT

In den vergangenen Kapiteln haben neun Flüchtlinge (eigentlich sind sie keine Flüchtlinge mehr – jetzt sind sie entweder Asylbewerber oder haben sogar schon einen Aufenthaltstitel. Flüchtlinge sind sie nur so lange, bis sie den Asylantrag gestellt haben) ihre persönliche Lebensgeschichte erzählt. Menschen, die schon vor einigen Jahren zu uns geflohen sind, Menschen, die erst vor einiger Zeit, als das Thema noch irgendwie hinter der Eurokrise und Griechenland versteckt war, und Menschen, die direkt unter diesen Massen waren, die seit einiger Zeit nach Europa fliehen.

Für jeden von uns wäre nun die einfachste Lösung, diese Erzählungen distanziert zu betrachten, sie zu analysieren und darüber zu diskutieren, ob das nun wirklich alles so passiert ist, wie viel wahr ist oder auch nicht. Aber lassen wir diese persönlichen Geschichten einfach mal stehen – was denken Sie nun in Bezug auf das Gelesene?

Welche Gedanken schießen Ihnen durch den Kopf in Bezug auf das überwältigende Thema »Flüchtlinge«, einzelne Flüchtlinge, die Menschen, die hinter diesen Berichten stecken – Menschen wie Sie und ich?

Berechtigte Ängste und Unsicherheit sind wahrscheinlich ein

Teil davon. Sowohl die Menschen, die immer noch kommen, als auch die Schreiber in diesem Buch machen eins deutlich: Sie kommen aus einer anderen Welt als der Welt, die uns vertraut ist.

Was wird passieren mit dem Lebensstandard, den man sich hart erarbeitet hat? Wird die Gewalt zunehmen? In den ländlichen Gebieten verteilen sich die Massen von fremden Menschen meistens besser (nicht immer!), aber was ist mit den Städten – denn schließlich sind die meisten der hier ankommenden Menschen davon überzeugt, dass sie dort bessere Lebenschancen haben. Somit setzen viele von ihnen alles daran, in Ballungsgebiete zu kommen.

Vielleicht haben Sie auch Kinder, so wie ich. Da macht man sich doch schon Gedanken darüber, wie die gesamte Situation das Schulwesen und somit die Bildungschancen der eigenen Kinder verändern wird. Auch die Frage, wie wohl die Zukunft unserer Kinder – vor allem unserer Töchter – aussehen wird, ist nicht nur aktuell, sondern völlig berechtigt.

Es ist auch offensichtlich, dass die rechtsgerichteten Parteien verständlicherweise großen Zulauf bekommen, denn die Angst vor einer unberechenbaren Multikulti-Gesellschaft und völliger Überfremdung ist einfach real.

Radikale Anschläge kommen auch immer näher und sind eben nicht nur etwas, das man in großer Ferne auf dem Bildschirm beobachtet. Es hinterlässt schon seine Spuren in der Bevölkerung, wenn Großveranstaltungen immer wieder abgeblasen werden aus Sicherheitsgründen.

Insgesamt bin ich ein sehr zuversichtlicher, praktischer und aktiver Mensch. Ich liebe Herausforderungen, genieße es, ans Limit zu gehen und physikalische Grenzen auszutesten.

Am Schreibtisch zu sitzen, am Laptop zu arbeiten und ausgedehnte Fachliteratur zu lesen und darüber nachzudenken, ist dagegen etwas, das ich zwar auch genieße, wenn ich mal angefangen habe, aber bis ich mich dazu durchgerungen habe, vergeht oft viel Zeit.

Da ich aber selbst Kind eines Psychologen bin, viel mit den unterschiedlichsten Menschen zu tun habe und mich der Mensch, wie er tickt und funktioniert, schon immer interessiert hat, faszinieren mich zum Beispiel Berichte aus der Sozialpsychologie.

Die Sozialpsychologie ist ein Teilgebiet der Psychologie und Soziologie, das die Auswirkungen der tatsächlichen oder vorgestellten Gegenwart anderer Menschen auf das Erleben und Verhalten des Individuums erforscht.

Diese Forschungsergebnisse sind sehr bereichernd und hilfreich in Bezug auf meine alltägliche Arbeit.

In der Sozialpsychologie gibt es zwei wichtige Grundsätze:

Menschen konstruieren ihre eigene Realität.

Das gesamte Erleben und Verhalten wird von sozialen Beziehungen beeinflusst.[1]

In einem Buch zu diesem Fachgebiet werden unter anderem die Realität und die Auswirkungen des ersten Eindrucks beschrieben.[2]

Der erste Eindruck wird oft in Sekundenschnelle gewonnen – danach ist eine Person uns dann sympathisch oder unsympathisch.

Eine kurze E-Mail lässt den ersten Eindruck über eine Person entstehen. Danach gehen wir davon aus, dass das Gegenüber tatsächlich so ist, wie uns der erste Eindruck eben vermittelt hat.

Eine kurze Reportage oder einfach nur ein paar Sätze in den Medien über ein bisher unbehandeltes Thema oder einen unbekannten Menschen hinterlassen einen ersten Eindruck.

Auch im direkten Kontakt mit Menschen entsteht dieser Eindruck blitzschnell. Aber man nimmt sich für den ersten Eindruck nicht nur wenig Zeit. Hinzu kommt obendrein, dass man vornehmlich anhand äußerlicher Merkmale auf das Wesen eines Menschen schließt. Nach einer viel zitierten und 1971 veröffentlichten Studie des amerikanischen Psychologen Professor Albert Mehrabian ist der

Inhalt des Gesagten nur zu sieben Prozent für den ersten Eindruck maßgeblich – die restlichen 93 Prozent entfallen auf die Körpersprache (Körperbau, Bewegungsabläufe, Haltung, Gang, Gestik, Mimik, Distanzverhalten), die Kleidung (Qualität, Stilrichtung, Passform, Farbe), die Sprache (Stimmlage, Klang, Modulation, Lautstärke, Dialekt, Wortwahl) und den Geruch (Parfüm, Körpergeruch).[3]

Oftmals trifft dieser »Schnappschuss« zu – aber eben nicht immer.

Dafür möchte ich zwei Beispiele geben:

Im Herbst 2002 habe ich meine Frau das erste Mal getroffen. Es waren nur wenige Augenblicke, aber der erste Eindruck war entstanden: Sie ist die hübscheste Frau der Welt. Sie ist sehr aufmerksam, freundlich, aufgeschlossen und intelligent. Sie und keine andere. Liebe auf den ersten Blick.

Damals hätten mir zehn Leute, die ich gut kenne, etwas anderes über sie erzählen können. Sie hätten Stunden damit verbringen können, mich vom Gegenteil zu überzeugen, das hätte an meiner Einschätzung nichts geändert.

Deswegen habe ich sie gleich geheiratet – und heute kann ich mit völliger Überzeugung sagen: »Mein erster Eindruck war korrekt – sie ist die beste Frau der Welt!«

Allerdings habe ich ähnliche Erfahrungen gemacht, in denen ich komplett falsch lag.

Als ich das erste Mal in den Boxstall ging, um mitzutrainieren, traf ich gleich einen jungen Kerl. Er war etwas mollig, schlurfte langsam und unmotiviert durch die Halle. Als ich in seine Augen sah, dachte ich nur: »Der schläft gleich ein.«

Mein erster Eindruck war gewonnen – ich war felsenfest überzeugt: Der kann kein guter Boxer sein, den nehm ich mit links.

Aber als ich das erste Mal mit ihm im Ring stand, machte ich die schmerzhafte Erfahrung: »Mein erster Eindruck war falsch.«

Das Problem ist nur, das erste Bild steht.

Es ist wie die Hauptschublade im Gehirn. Hat man eine weitere Begegnung oder einen weiteren Eindruck, der nicht mit dem ersten übereinstimmt, wird er automatisch in eine nebensächliche Unterschublade abgelegt mit dem Vermerk: Der erste ist der »richtige« Eindruck.[4]

Die Medien, Polizeiberichte und Zeitungsartikel haben uns schon viel Einblick gegeben in die Flüchtlingssituation. Bilder, die Wirklichkeit und mittlerweile Alltag sind in unseren Ländern – eine Realität, die begründete Angst und Unsicherheit stärken. Eindrücke, die sich immer wieder bestätigen – eine große erste Schublade.

Ist dieser Eindruck falsch? Ich glaube es nicht. Diese Massen sind definitiv eine riesige Herausforderung, wenn nicht sogar Bedrohung für unsere wirtschaftliche und gesellschaftliche Situation.

Allerdings ist es beinahe unvermeidbar, dass diese Schublade in Bezug auf die Massen und die aktuellen Geschehnisse auch das Denken und Handeln gegenüber dem Einzelnen beeinflussen. Positive Erfahrungen mit Einzelnen dagegen können die Vorstellungen und Erfahrungen oftmals in ein anderes Licht tauchen.

Um das zu veranschaulichen, will ich Ihnen einen kleinen Auszug aus meinem Leben geben.

Auch ich habe meine Erfahrungen gemacht mit Menschen anderer Herkunft. Ich will Ihnen mal ganz ehrlich und nüchtern von meinem ersten Eindruck erzählen …

Es fühlt sich an, als ob es gestern gewesen wäre, wie ein Film läuft es ab vor meinen Augen. Es war so ein intensives Erlebnis, durchflutet von starken Emotionen, dass ich mich tatsächlich noch genau an viele Einzelheiten erinnern kann.

In meinem kleinen Heimatstädtchen war die Welt ziemlich in Ordnung – zumindest äußerlich. In den ersten Jahren meiner Schulzeit hatte ich zwar auch einen türkischen Jungen und ein kurdisches Mädchen in meiner Klasse, aber die waren eigentlich genauso wie wir anderen – außer dass sie im Sommer meistens die kompletten Ferien wegfuhren in ihr Herkunftsland.

Doch dann kam ich auf eine weiterführende Schule in einer etwas größeren Stadt. In der Schule selbst gab es wenig »Ausländer«.

Eines Tages waren mein Freund und ich auf dem Weg von der Schule zum Bus. Ich kann mich noch ganz genau erinnern an den Tag: strahlender Sonnenschein, die wunderschöne Innenstadt mit Fachwerkhäusern und vielen Blumen, die kleinen Läden und Boutiquen in der Fußgängerzone, die wohltuende Wärme … diese ganzen Eindrücke aufnehmend, schlenderten wir zum Bus. Die Welt war in Ordnung, das Leben war schön, und wir dachten, wir seien die Coolsten überhaupt.

Direkt hinter uns bemerkten wir eine größere Gruppe ausländischer Jugendliche: Wir achteten überhaupt nicht groß auf sie und waren einfach in unsere kleine Welt vertieft.

Als sie direkt hinter uns waren, fingen die Kleinsten aus der Gruppe an, uns stolpern zu lassen. Andere bespuckten uns und machten sich lustig über unser Aussehen.

Ich war natürlich sofort versucht, mich zu wehren, aber mein Freund sagte sofort: »Es sind zu viele!«

Ich überschaute kurz die Gruppe und stellte fest, dass er recht hatte: mindestens 15 Jugendliche plus die ganz Kleinen, die zum Teil jünger waren als wir selbst. Für uns, die wir nur zu zweit unterwegs waren, eine überwältigende und einschüchternde Zahl.

Während die Kleinen uns weiter penetrant belästigten, auslachten und uns auch körperlich ganz schön zusetzten, wurden sie von den Größeren dabei noch unterstützt und dazu angefeuert.

Diesen ersten Eindruck werde ich nie vergessen – und die damit verbundenen Emotionen auch nicht: Unsicherheit, Angst, Frustration, Ärger, grenzenlose Wut.

Dieses Ereignis prägte in den Jahren danach mein Denken und Handeln gegenüber allen Ausländern. Auch wenn ich das äußerlich nie groß zur Schau stellte, innerlich war ich ihnen gegenüber sehr distanziert. Meiner Ansicht nach waren sie halt eine Realität, die man ertragen musste … irgendwie.

Ein paar Jahre später machte ich dann eine Ausbildung zum Zimmerer. Ich kann mich noch gut an etliche Momente erinnern, in denen ich mit älteren Kunden zu tun hatte. Immer wieder endeten Gespräche bei der Krise im Balkan und den damit verbundenen Flüchtlingen. Da fiel immer wieder der Satz: »Es wird mal wieder Zeit, dass einer kommt, der aufräumt hier!«

Auch wenn ich vom Prinzip her wusste, dass solche Aussagen irre und fatal sind, konnte ich sie irgendwie nachvollziehen. Mein persönliches Erlebnis war tief in mir verwurzelt. Viel tiefer, als ich es jemals öffentlich zugegeben hätte.

Mein Traum als Jugendlicher war es immer, Profisportler zu werden. Ich machte sehr viel Leichtathletik – auch da gab es kaum Ausländer.

Doch aufgrund von Rückenproblemen musste ich vor allem die Sprungdisziplinen, in denen ich gut war, aufgeben, und mit 18 Jahren entschied ich mich damals, aufs Boxen umzusteigen.

Auch diesen Tag, an dem ich das erste Mal in den Boxstall eintrat, werde ich nie vergessen.

Es war eine eher heruntergewirtschaftete alte Turnhalle, die zu einer Kaserne gehörte. Während die Kaserne für viele damals aus dem Kosovo kommende Flüchtlinge und Asylbewerber genutzt wurde, war die Sporthalle in den Händen der örtlichen Sportvereine.

Ich ging die kleine schmale Treppe hinauf in den Teil, der nur den Boxern zur Verfügung stand: Da war ein Ring, verschiedene Sandsäcke, ein paar Bänke und Schränke und ein kleines »Büro«, auf dem obendrauf eine Art Kraftkammer eingerichtet war. Alles war sehr einfach.

Da ich sehr früh dran war, sah ich noch keine anderen Athleten und ich klopfte an die Tür des »Büros«. Ich wurde hereingerufen, und ein kleiner alter Mann hantierte emsig mit ein paar Ordnern an einem Tisch herum: »Wie der alte Coach ›Mickey‹ aus den Rocky Filmen« schoss es mir durch den Kopf.

Gleichzeitig war ich überwältigt von den Gerüchen in diesem kleinen dunklen Raum. Versuchen Sie mal, sich einen ca. 10 m^2 großen Raum vorzustellen, in dem mindestens 50 Paar Boxhandschuhe gelagert werden, die täglich aufs Neue patschnass geschwitzt werden …

Der »alte Mann«, der Cheftrainer, war sehr freundlich und sympathisch, sodass ich mich sofort wohlfühlte. Langsam kamen auch viele der Athleten, aber da ich so involviert war in das Gespräch mit dem Trainer, nahm ich sie überhaupt nicht wahr.

Als ich aus dem »Büro« trat und etlichen Dutzend Boxern in unterschiedlichsten Größen, Gewichtsklassen und Altersstufen gegenüberstand, traf mich schier der Schlag!

Kaum deutsche Jugendliche. Die meisten waren Albaner, Russlanddeutsche, Türken und Flüchtlinge aus Serbien, Bosnien und dem Kosovo. Hin und wieder sah ich einen Afrikaner in dem bunten Mix.

Im Bruchteil einer Sekunde wurde mir klar: »Lauter Ausländer, Migranten und Asylbewerber – mit meiner Einstellung ihnen gegenüber komme ich hier nicht weit!«

Innerlich wiederstrebte mir das völlig, aber ich hatte ja keine andere Wahl, wenn ich in diesem Sport bleiben wollte. Also traf ich die Entscheidung, mich auf dieses unbekannte Abenteuer, das mir innerlich total gegen den Strich ging, einzulassen.

Und damit änderte sich vieles in meinem Leben:

Mit vielen dieser Jungs entstanden tiefe Freundschaften, die geprägt waren von Respekt und gegenseitiger Wertschätzung. Vielleicht war es wegen des Einflusses dieses alten Trainers, aber jeder nahm mich sofort auf, obwohl ich ja keine Ahnung hatte vom Boxen und für sie auch noch ein typischer Deutscher war.

Gemeinsam trainierten wir hart und träumten von einer Profikarriere im Boxen. Die vielen Stunden zusammen, schweißgebadet und schwer atmend, Kopf an Kopf beim Sparring im Ring, verbanden uns sehr.

Oder die vielen Stunden in den uralten hässlichen Duschen, das Wasser so heiß wie möglich aufgedreht. Jeder bewaffnet mit Schweißanzug und Sprungseil – und dann ging es los: eine Stunde Seilspringen, um mit dem Gewicht runterzukommen für den nächsten Kampf.

Oft war ich bei ihnen »zu Hause« – also in den teilweise renovierten Kasernen direkt neben unser Sporthalle, in der wir tagtäglich trainierten. Es waren einfache Unterkünfte, in denen sie »hausten«. Dort gab es Essen und Gerüche, die mich teilweise sehr herausforderten, aber irgendwie fühlte ich mich wohl dort bei ihnen. Obwohl viele unter ihnen wirklich sehr arm waren, behandelten sie mich wie einen Pascha – als Gast eben.

In dieser Zeit lernte ich es immer mehr, andere Nationalitäten zu schätzen. Ja nicht nur zu schätzen, sondern die Menschen anderer Kulturen sogar zu lieben.

Ich bekam ein neues Bild von Menschen, die ihren Ursprung nicht in Deutschland oder anderen deutschsprachigen Ländern und Kulturen haben.

Dieser erste Eindruck aus der Kindheit ist nach wie vor präsent und total real, aber er bestimmt heute nicht mehr mein Denken und Handeln. Er wurde »übermalt« von neuen schönen Bildern und Eindrücken. Erlebnisse, die mein Leben bunter gemacht haben und bereichert haben.

Allerdings muss ich gestehen, dass es für mich viele Jahre eine riesige Herausforderung war, mich überhaupt darauf einzulassen. Außerdem merke ich, wie dieser erste Eindruck immer wieder hochkommt, wenn ich Asylbewerber treffe, denen die Art und Weise, wie wir hier leben, scheinbar egal ist.

Ich behaupte ganz sicher nicht, dass mein kleines Erlebnis in irgendeiner Relation zur momentanen Situation steht.

Allerdings macht es mich immer wieder neu bereit dazu, mich auf einzelne Menschen einzulassen, ohne mich von »der Hauptschublade« zu sehr vereinnahmen zu lassen.

Um sich aber überhaupt auf Einzelpersonen – Flüchtlinge und Asylbewerber – einzulassen, ist es hilfreich, sich mit Tatsachen auseinanderzusetzen, die uns die Realität vor Augen führen.

EINFACH ANDERS ...

Vielleicht denken Sie in Bezug auf diese Überschrift nur: »Ist doch kein Problem, das wird schon irgendwie ...«

Ich wünschte, ich könnte dieses Denken einfach so teilen, aber ich kann es nicht.

Blinder Optimismus in Zeiten wie diesen kann sehr schnell kippen. Ein naives und leichtfertiges »Na das wird schon werden« kann ganz einfach weggespült werden durch den Alltag, der mehr oder weniger schnell einkehren und stark persönlich betreffen wird.

Denn die Menschen, die gerade hierher (ich will nicht Deutschland schreiben, da das Buch in Österreich sehr viel verkauft werden wird ...) flüchten, sind ganz anders! Wenn man ihnen zum ersten Mal begegnet, nimmt man schnell Folgendes wahr: meistens schwarze Haare und dunkelhäutig, doch daran haben sich viele ja schon gewöhnt, vor allem die Einwohner größerer Städte.

Der Kleidungsstil ist auch ganz anders. Bei den Männern kann man darüber hinwegsehen, denn schließlich hat jeder seinen eigenen Stil. Da sind wir mittlerweile eine sehr große Vielfalt gewohnt. »Richtig und falsch« gibt es in Bezug auf Kleidungsstil nicht mehr. Aber was ist mit den Frauen? Wenn mir in einer ländlichen Gegend eine Frau in einer Burka begegnet, dann fällt mir der Unterschied sofort auf – einfach anders ...

In naher Zukunft werden Sie immer mehr Menschen begegnen, mit denen es entweder unmöglich ist, verbal zu kommunizieren, oder zumindest sehr schwierig und aufwendig. Das kann leicht zu Schwierigkeiten, Missverständnissen und Frustrationen führen.

Öffentliches Rauchen und der Konsum von Alkohol ist für die meisten Flüchtlinge ein absolutes Tabu. Komisch für uns, dass sie nichts trinken, und komisch für sie, dass wir öffentlich Alkohol trinken.

Aber solche Dinge lernen sie auch schnell von uns – oft ist es das Erste, was sie von uns lernen. Eigentlich schade.

Was glauben wir überhaupt? Nun, darüber machen sich die meisten unter uns wahrscheinlich wenig Gedanken. Wir genießen die Ordnung und den Frieden, ein Resultat unserer Grundgesetze, die sich auf biblischen Geboten und Prinzipien gründen – aber sind wir deshalb Christen?

Vielleicht kulturell und traditionell, wir gehören vielleicht noch irgendeiner Kirche an. Aber schon wenn es um einfache Fragen wie »Warum feiern wir Weihnachten oder Ostern?« geht, haben immer mehr Menschen darauf keine Antwort.

Die meisten Flüchtlinge, die zu uns kommen, wissen sehr genau, was sie glauben. Sie haben starke Überzeugungen und ihre Religion wirkt sich bei vielen auf den Alltag aus. Ganz anders als bei uns hier.

Vor Kurzem habe ich mit einem jungen Afghanen geredet, der seinen Glauben relativ ernst nimmt, weil es das Einzige ist, was ihm aus der Heimat geblieben ist.

Er erzählte mir, dass er in seinen weißen Kleidern auf dem Weg zum Freitagsgebet in die Moschee immer aufgefallen sei und ihn die Leute deswegen komisch angeschaut hätten.

Schockierend war für mich, dass er auf dem Weg in die Moschee auch regelmäßig angespuckt wird von Menschen auf der Straße – von Jung und Alt.

Also selbst wenn wir den christlichen Glauben nicht ernst nehmen und auch persönlich nichts oder sehr wenig mit Jesus Christus zu tun haben – scheint das viele Menschen in der Bevölkerung doch sehr zu irritieren. Einfach ganz anders.

Das waren Äußerlichkeiten, die einem halt ins »Auge stechen« bei einer Begegnung auf der Straße. An diese Dinge kann man sich schnell gewöhnen, denn die haben keinen großen Einfluss auf den eigenen Lebensstil. Es ist nur eine Frage der Zeit, bis es für uns völlig »normal« ist, dass es viele Leute gibt, die einfach ganz anders aussehen als wir.

Aber wie verhält sich das mit Eigenschaften, die man auf den ersten Blick nicht sieht?

Zum Beispiel mit inneren Werten?

Mit persönlichen Ideologien und Überzeugungen?

Mit dem privaten Leben hinter verschlossener Tür wie zum Beispiel Kindererziehung oder der Umgang mit dem anderen Geschlecht?

Wie verhält es sich mit den kulturell bedingten Bräuchen und Gepflogenheiten, mit denen man sich wenig bis überhaupt nicht auskennt?

Ich bin seit über elf Jahren glücklich mit einer Amerikanerin verheiratet. Als wir uns kennengelernt haben, ist uns schon aufgefallen, dass wir offensichtliche, mit dem Auge wahrnehmbare Unterschiede haben:

Sie hat blitzweiß gebleichte Zähne, weil das normal ist in den USA, ich nicht. Ich hatte mir ehrlich gesagt bis zu diesem Tag auch noch nie Gedanken darüber gemacht.

Sie fuhr am Anfang immer nur 110 km/h auf der Autobahn, ich nicht, denn ich liebe unökonomisches Fahren. Für sie war es völlig normal, mindestens eine Mahlzeit pro Tag auswärts zu essen – ich war es gewohnt, zu Hause zu essen.

Das sind mal ein paar Dinge, die für uns kein großes Problem waren, denn wenn man richtig verliebt ist, sind ja bekanntlich viele Unterschiede kein großes Thema.

Wir haben uns schnell dazu entschieden, zu heiraten und den Rest des Lebens gemeinsam zu bestreiten.

Jetzt sind schon viele Unterschiede ans Licht gekommen, die nicht so einfach waren. Unterschiede, die einem nicht gleich ins Auge gestochen sind, die aber im Alltag sehr wohl eine bedeutende Rolle spielen!

Da ich das Kind zweier Schwaben bin, die zudem noch in der Nachkriegszeit geboren sind, wurde mir natürlich immer eingebläut, ja nichts zu verschwenden – vor allem kein Wasser. Ich habe ganz schön blöd geschaut, als ich das erste Mal zusammen mit meiner Frau die Zähne geputzt habe – sie ließ das Wasser einfach drei Minuten lang laufen! Als ich dann versuchte, mein Unverständnis in Worten auszudrücken, konnte sie das überhaupt nicht nachvollziehen. Denn für sie war das normal.

Ihre Grundeinstellung zu allem was neu ist: »Das probieren wir mal aus – auch wenn es vielleicht schiefgeht!«

Meine Grundeinstellung zu allem, was neu ist, war bis dahin immer: »Nur dann etwas wagen, wenn ich mir hundertfünfzigprozentig sicher bin, dass es klappt – ansonsten lieber überhaupt nicht!«

Allerdings muss ich ganz ehrlich gestehen, dass ich sehr froh und dankbar bin, dass ich hier von meiner Frau sehr viel gelernt habe.

Ein ganz banales Thema, das aber doch in unserer Ehe zu vielen Unterhaltungen beigetragen hat: Nase putzen.

Während das für uns hier völlig in Ordnung ist, sich auch in der Straßenbahn oder inmitten anderer Menschen an der Bushaltestelle öffentlich die Nase zu putzen, ist das für die meisten Amerikaner ein absolutes »No Go«.

Als ich das das erste Mal machte, da fiel sie beinahe aus allen Wolken.

Es ist offensichtlich, an Äußerlichkeiten kann man sich relativ schnell und einfach gewöhnen. All die Dinge, die dann erst im täglichen Zusammenleben auftauchen und bewusst werden, sind viel herausfordernder.

Das beginnt schon beim Begrüßen.

Bei uns ist es üblich, dem Gegenüber in die Augen zu schauen, sich die Hand zu geben und gegenseitig einen guten Morgen oder Ähnliches zu wünschen. Wenn man jemand etwas besser kennt, dann ist es durchaus auch üblich in gewissen Kreisen, sich kurz zu umarmen.

Für die meisten Flüchtlinge ist das komplett fremd.

Als Mann einem anderen Mann die Hand geben, das mag ja noch gehen. Aber einer Frau die Hand anzubieten, ist schon respektlos. Augenkontakt zu suchen, ist schon beinahe Nötigung und eine Umarmung wäre eine Katastrophe.

Durch so eine Handlung wäre je nach Gegenüber schon die Ehre so verletzt, dass sich dieses im besten Fall zurückziehen würde oder aber ein Streit entstünde.

Im Umgang mit Zeit prallen zwei Welten aufeinander.

Während wir ständig auf die Uhr schauen, spielt für viele Flüchtlinge Zeit keine große Rolle. Auch wenn die meisten ein Smartphone haben, die Uhr darauf ist für viele irrelevant.

Da ich bei den *GetAwayDays* sehr viel mit Flüchtlingen arbeite, hier mal einen kurzen Einblick in die alltäglichen Herausforderungen:

Jede Gruppe, die an den *GetAwayDays* teilnimmt, kocht für sich selbst. Während wir ein paar Nudeln mit ein bisschen Soße spätestens nach 30 bis 60 Minuten servieren können, kochen unsere Flüchtlingsgruppen gemeinsam oft mehrere Stunden am gleichen Gericht. Sie reden und diskutieren nebenher, sie lachen und schimpfen, sie schmecken ab und leeren noch mal was dazu und nebenher tanzen sie. Egal, wie oft man sie fragt, wie lange das Essen noch braucht, es kommt immer die gleiche Antwort: »Gleich fertig!«

Aber dieses »Gleich fertig« kann auch Stunden bedeuten, denn für sie spielt es keine Rolle, ob es nun um 18.00 Uhr Abendessen gibt oder erst um 22.16 Uhr.

Auch die Nutzung von Ressourcen ist völlig unterschiedlich.

Während wir hier ständig am Überlegen sind, wie wir unsere Ressourcen zu 100 Prozent auskosten und verantwortungsvoll damit umgehen können, spielt das für die meisten Flüchtlinge keine bis eine sehr geringe Rolle.

Unter Ressourcen verstehe ich: Geld, Kleidung, Ausrüstung, Nahrung und vieles mehr.

Bei den *GetAwayDays* arbeiten wir überwiegend mit Erlebnispädagogik. Wir verbringen sehr viel Zeit am Stück mit den Teilnehmern und wir sind viel in den Bergen unterwegs. Um all diese Dinge professionell und sicher durchführen zu können, wird sehr teures Equipment benutzt.

Für Teilnehmer der westlichen Kultur ist es weitgehend logisch, dass man darauf gut aufpasst, weil die Ausrüstung nicht ihnen gehört, sondern uns. Es passiert äußerst selten, dass jemand einen Helm oder Ähnliches einfach liegen lässt. Falls es doch mal passiert, dann wird danach geschaut, diesen teuren Gegenstand so schnell wie möglich wiederzufinden. In den meisten Fällen haben die jungen Leute ein schlechtes Gewissen, wenn man sie darauf anspricht.

Bei den meisten Flüchtlingen ist das komplett anders – sie mussten noch nie für solche Dinge bezahlen und haben deshalb auch wenig Bezug dazu. Da viele unter ihnen noch nie viel zu verwalten hatten, sind sie es oft auch nicht gewohnt, auf etwas aufzupassen.

Bleibt etwas liegen, ist ihre Reaktion oft ein kurzes und gleichgültiges: »Na und«. Immer wieder stelle ich fest, dass dieses Denken, so wie wir es kennen, bei ihnen zum großen Teil überhaupt nicht vorhanden ist.

Das braucht oft einen langen Atem und viele Erklärungen, mit Händen und Füßen oder Übersetzung. Aber viele fangen auch an zu verstehen, warum die Menschen hier so allergisch reagieren auf solche »unbedeutenden Kleinigkeiten«.

So verhält es sich auch mit dem Essen.

Immer wieder haben wir Gruppen mit Jugendlichen bei den *GetAwayDays*, die von einheimischen Sozialarbeitern betreut werden. So eine Gruppe braucht für die Woche ungefähr die Hälfte der Finanzen für die Verpflegung, die eine Flüchtlingsgruppe benötigt – und das, obwohl in der Flüchtlingsbetreuung wesentlich weniger Geld vorhanden ist als in anderen sozialen Einrichtungen.

Da wird viel gekocht, viel zu viel, und was übrig ist, wird einfach weggeschmissen.

Für uns völlig unverständlich. Allerdings geht es ihnen genau gleich in Bezug auf die Art und Weise, wie wir leben, denken und alles bis ins Detail planen.

Müll ist ein beständiges Thema.

Bei uns ist für jeden völlig klar: In den Alpen klettern zu gehen und einfach den Müll in die Landschaft zu werfen, ist völlig unakzeptabel.

Die meisten Flüchtlinge fragen sich: »Warum nicht? Wo ist das Problem?«

In ihrem Herkunftsland gab es aller Wahrscheinlichkeit keine regelmäßige und gut strukturierte Müllabfuhr. Falls es doch eine gab, gab es aber auf keinen Fall Mülltrennung, wie wir sie kennen.

Und dann ist da noch die unterschiedliche Arbeitsmoral.

Einer der wenigen moralischen Ansprüche, an dem wir alle nach wie vor festhalten. Schließlich sichert der ja den Lebensstil, den wir genießen.

Ein Freund von mir kommt aus Somalia und seit etlichen Jahren ist er mit einer Österreicherin verheiratet.

Als er endlich Arbeit fand in Österreich, war die ganze Familie begeistert. Doch ein paar Tage später ging er einfach nicht mehr hin, weil er »keine Lust mehr hatte«. Ihre Familie war fassungslos.

Dann fand er wie durch ein Wunder eine weitere Arbeitsstelle – alle waren wieder happy. Doch nach kürzester Zeit ging er nicht mehr hin, weil der Chef dort ihn »nicht genügend respektierte«.

Erneut herrschte völliges Unverständnis auf österreichischer Seite.

Man glaubt es kaum, aber unser Freund fand tatsächlich wieder eine neue Arbeitsstelle. Der Chef dort erklärte ihm immer wieder, wie wichtig für ihn Zuverlässigkeit ist.

Unser Freund fühlte sich richtig wohl dort, er ging gerne zur Arbeit und war stolz auf seine neue Aufgabe.

Als sein Schwiegervater Geburtstag hatte, ging er aber einfach nicht zur Arbeit, denn für ihn war klar: Familie ist wichtiger als Arbeit.

Das sah sein Chef allerdings nicht so. Und als das wiederholt passierte, wurde ihm gekündigt. Das wiederum stieß bei ihm auf völliges Unverständnis.

Bildung ist nicht gleich Bildung.

Dieser Aspekt wird bei uns mittlerweile so hoch geschrieben, dass wir schon versuchen, Kleinkinder zu bilden. Bildung ist wichtiger in unserer Gesellschaft als Bindung.

Wie das wohl in den Ländern aussieht, aus denen Millionen von Menschen gerade fliehen? Sicher gibt es da viele gebildete Leute, auch wenn Bildung etwas anders aussieht und verstanden wird als bei uns. Allerdings hat ein Großteil aller Flüchtlinge keine oder nur eine geringe Schulbildung – wobei unter Schulbildung oftmals nur die Koranschule verstanden wird. Viele Flüchtlinge, die zu uns kommen, sind Analphabeten. Sicher ist auf jeden Fall, dass Familie weit über Bildung steht.

»Aber die sind so anders …«, so denken hier definitiv beide Seiten!

Und je länger man miteinander zu tun hat, je mehr Begegnungen es gibt, je mehr wir Leben und Alltag teilen werden, desto klarer wird das rauskommen.

Unser Lebensinhalt und unsere Lebensphilosophie drehen sich überwiegend darum, noch besser leben zu können: Hauptsache mehr haben als alle anderen um mich herum.

Die Lebensphilosophie der meisten Flüchtlinge dreht sich währenddessen nur um eins:

Hauptsache weg! Weg von Terror, Kampf, Armut und Tod. Raus aus Unterdrückung und Zerstörung, um zu überleben.

Hauptsache irgendwohin, wo es ihnen besser geht als »zu Hause«.

... UND DOCH SO GLEICH

Trotz aller Unterschiede haben wir vieles gemeinsam mit den einzelnen Menschen, die in diesem Buch ihre Lebensgeschichte preisgegeben haben, aber auch mit den Massen, die bei uns sind und noch zu uns kommen werden.

Da sind zuerst mal die äußerlichen und physisch bedingten Gemeinsamkeiten.

Als ich vor vielen Jahren anfing zu boxen, mit Leuten aus den unterschiedlichsten Nationen, da wurde mir eine Sache beim ersten Sparring bewusst:

»Wenn ein Mensch eine rechte Gerade, einen Schlag mitten auf die Nase bekommt, dann hat er Nasenbluten!«

Dabei ist es egal, ob man Syrer, Türke, Somali, Österreicher oder Deutscher ist. Es macht keinen Unterschied, ob man arm oder reich ist, gebildet oder ungebildet, stark oder schwach.

Dass wir dabei Schmerz empfinden, ist gleich, auch wenn unterschiedliche Menschen unterschiedliches Schmerzempfinden haben. Wir sind alle verletzlich: Wir haben einen Körper aus Fleisch und Blut, der bei entsprechender Behandlung auch darauf reagiert.

Wir alle haben irgendwann Hunger und brauchen Nahrung. Wie viel und welche Nahrung, ist vielleicht auch wieder unterschiedlich und kulturell bedingt, aber essen müssen wir.

Das Gegessene wird bei jedem verdaut, irgendwann muss jeder auf die Toilette und bei jedem stinkt es danach.

Es ist völlig klar, dass das sehr vulgär ausgedrückt ist, und vielleicht fällt es Ihnen schwer, sich auf dieses Niveau zu begeben. Aber daraus muss man keine Wissenschaft machen, da braucht nichts beschönigt oder wegerklärt werden, ob wir es wahrhaben wollen oder nicht, ob wir diese Dinge totschweigen oder darüber reden.

Es bleibt dabei, wir Menschen sind darin genau gleich – das zeigt das alltägliche Leben!

Apropos Leben – wie sieht es aus mit dem Sterben? Sterben werden wir auch alle.

Auch dabei ist es egal, wer man war oder was man hatte. Für den Tod spielt es keine Rolle, ob ein Mensch ein kompletter Versager oder ein erfolgreicher Millionär war – beide werden eines Tages sterben.

Der Tod macht keinen Unterschied, ob jemand gesund oder ungesund gelebt hat. Beide werden eines Tages sterben und können nichts dagegen tun, auch wenn der, der gesund gelebt hat, vielleicht etwas länger lebt.

Aus dieser Welt wird keiner von uns etwas mitnehmen können – weder seinen Reichtum noch seinen Einfluss, auch alle Schulden werden zurückbleiben.

Sie und ich, jeder Flüchtling wird sterben, auch wenn wir vielleicht heute so leben, als wäre das nicht der Fall.

Auch anhand unserer Grundbedürfnisse merken wir, dass wir sehr vieles gemeinsam haben.

In den Lebensgeschichten der unterschiedlichsten Flüchtlinge kamen gewisse Grundbedürfnisse immer wieder zum Ausdruck – unabhängig vom Herkunftsland, dem Geschlecht oder dem Alter.

Frieden ist eines davon. Da wo Unfrieden herrscht, da kommt uns Menschen sofort der Gedanke: »Hauptsache weg!«

Wenn ein Mensch das Bestreben hat, Frieden zu schaffen und Frieden zu stiften in einem Land, in dem ein machtsüchtiger Diktator sein Unwesen treibt, wenn dieser Mensch deswegen eingesperrt, verhört und gefoltert wird, als wäre er ein Schwerverbrecher, dann kann ich es vollkommen nachvollziehen, dass ein Mensch zu dem Entschluss kommt: »Hier kann ich nicht mehr bleiben.«

Chaotische Verhältnisse, Streit und Krieg sind genau das Gegenteil von dem, was sich ein Mensch ersehnt. In diesen Zuständen wird ein Mensch im besten Fall überleben, aber er wird niemals darin aufblühen und gedeihen. Unser tiefstes Inneres sehnt sich nach Ordnung und Frieden.

In der Lebensgeschichte von Omar kommt das immer wieder sehr deutlich zum Ausdruck. Er beschreibt die erbitterten Kämpfe zwischen Schiiten und Sunniten und wie sein Land dadurch zu einem der gefährlichsten Länder der Welt wird.

Er und die Menschen vor Ort leiden darunter, dass man weder in Frieden studieren, arbeiten, ja nicht mal leben kann.

Er beschreibt, wie es die Menschen krank macht, sie gefoltert werden und Familien ihre Kinder wegschicken – damit zumindest diese der Gewalt anderer entgehen.

Er malt eindrückliche Bilder davon, wie der IS in seine Heimatstadt einmarschiert und sich selbst zum Gesetz macht. Ab diesem Zeitpunkt gibt es nur noch Zerstörung, Kampf und Tod.

Omar sagt selbst, dass ein Leben in so einem Umfeld unmöglich ist. Er hat es geschafft, zu entkommen. Doch was ist mit vielen anderen?

Sicherheit, wie sieht es damit aus?

Alles muss sicher sein, abgesichert werden und versichert sein – und am besten gleich doppelt oder dreifach.

Woher kommt dieses Streben? Sicherheit ist ein Grundbedürfnis jedes Menschen – egal, woher er kommt.

Als vor Kurzem bekannt wurde, dass unser kleines Städtchen mindestens 200 Flüchtlinge aufnehmen wird, herrschte große Aufregung bei vielen Leuten. Neuenstein hat ohne Teilgemeinden knapp 3 500 Einwohner im Stadtkern. Vor allem junge Familien, die in der Nähe von einer der beiden Unterkünfte wohnen, sind jetzt besorgt um die Sicherheit der Kinder. Eine Unterschriftenaktion wurde gestartet und und und …

Bekannte haben gerade vor einiger Zeit gegenüber der Flüchtlingsunterkunft ein Haus gekauft. Jetzt beschäftigen sie sich mit Fragen wie: »Sind die eigenen Kinder sicher, wenn da jetzt auf einmal 100 junge Männer aus allen möglichen Ländern der Welt wohnen werden?«

An einem Informationsabend für die Bürger gab es auch Raum für Fragen. Eine der ersten lautete: »Gibt es da dann Sicherheitspersonal?«

Ich weiß ja nicht, wie es Ihnen geht. Vielleicht betreffen Sie solche Situationen direkt oder sogar noch intensiver, aber ich kann das Verhalten vieler Menschen bei uns vor Ort sehr gut nachvollziehen.

Auch bei uns zu Hause kommt diese Frage immer wieder auf den Tisch.

Ungewissheit bewirkt Unsicherheit. Vor allem, wenn es um die eigenen Kinder geht, sind wir sehr auf Sicherheit bedacht. Schließlich habe ich selbst fünf kleine Kinder, ich weiß, wovon ich spreche.

Ich versuche immer wieder, mich in die Situation der Flüchtlinge zu versetzen:

Was würde ich tun, wenn Bomben um die Ohren meiner Kinder fliegen würden? Ich würde abhauen an einen sicheren Ort!

Wie würde ich reagieren, wenn Vergewaltiger frei herumlaufen würden ohne gesetzliche Konsequenzen, in dem Stadtteil, in dem meine kleine Tochter in die Schule geht? Ich würde das Weite suchen – Hauptsache weg!

Egal, wer wir sind und woher wir kommen, wir sehnen uns nach Sicherheit, für uns selbst. Für die Menschen, die wir lieben. Vor allem aber für unsere Kinder.

Meinungsfreiheit – eine zentrale Säule unserer Demokratien. Wer will denn nicht einfach die eigene Meinung vertreten, ohne furchtbare Angst zu haben, dafür gleich enthauptet oder erschossen zu werden?

Ich hatte die meiste Zeit meines Lebens eine sehr große Klappe. Bei Klassenarbeiten in Deutsch war ich nie wirklich gut, aber wenn es um eine Erörterung ging, fiel mir immer etwas ein, denn da konnte ich die eigene Meinung vertreten.

Das führte in meiner Jugendzeit so weit, dass es Leute gab in meiner Klasse, die nicht mehr viel sagten, aus der Angst heraus, dafür gleich niedergemacht zu werden. Furchtbar – Gott sei Dank hat sich in meinem Leben mittlerweile vieles verändert.

Aber jeder von uns weiß, wie es sich anfühlt, wenn man eine Meinung vertritt, die andere anfeinden. Das tut weh. Da überlegt man sich mehrmals, ob man überhaupt etwas sagt. Aber irgendwann kann man selbst nicht mehr in den Spiegel schauen, wenn man sich selbst untreu wird, weil einem andere Meinungen aufgezwängt werden.

Viele von denen, die in diesem Buch ihre Geschichte erzählen, hatten Familie, Freunde und Bekannte, die einfach den Mund aufgemacht haben und deswegen im besten Fall mundtot gemacht oder sogar ermordet wurden.

Einige äußern sich in diesem Buch vielleicht das erste Mal öffentlich.

Als ich einen jungen Flüchtling bei den *GetAwayDays* fragte, was ihm hier bei uns am besten gefällt, sagte er sofort, ohne auch nur den Bruchteil einer Sekunde zu zögern: »Dass ich hier frei sagen kann, wovon ich überzeugt bin!«

Auch der Wunsch nach Wertschätzung und bedingungsloser Annahme ist tief in uns verankert.

In unserem Umfeld hängt Wertschätzung sehr viel mit Leistung zusammen. Deswegen arbeiten sich so viele Menschen hier im wahrsten Sinn des Wortes zu Tode.

Darum versucht auch jeder mittlerweile, irgendwo irgendwie irgendetwas zu studieren, denn wer nicht studiert, bekommt mittlerweile ganz schön Druck – oft sogar durch die eigenen Eltern und Familien. Selbst wenn man diesen Druck nicht empfindet oder zu spüren bekommt, wenn es um Erfolg im Beruf und Verdienst geht, dann sieht und erlebt man, was wie wertgeschätzt wird. Als es darum ging, auf welche weiterführende Schule ich gehen sollte, war klar: aufs Gymnasium. Denn da gingen alle meine Freunde hin, und meine Noten waren auch gut genug.

Da sich mein ganzes Leben aber immer nur um Sport gedreht hatte, mein Interesse an Schulbildung damals sehr gering war und zudem noch beinahe alle meine Freunde aufgrund schlechter Noten das Gymnasium verlassen mussten, wollte ich nach einigen Jahren auch wieder wechseln in eine »niedrigere« Schulart. Als einziger Quertreiber mitten unter braven Schülern kam ich mir vollkommen verlassen vor.

Mein Vater war damals fassungslos und mein Wunsch traf auf völliges Unverständnis. Er hat mir damals nie gesagt, dass Sport weniger wert sei als Bildung, aber anhand vieler Situationen habe ich genau das immer wieder herausgespürt.

Ich kann es gut nachvollziehen, dass es Menschen dorthin zieht, wo sie sich ernst genommen fühlen. Dass sie dorthin fliehen, wo sie das Gefühl haben, etwas wert zu sein!

Wenn wir uns in Beziehungen nicht wertgeschätzt fühlen, dann fliehen wir schließlich auch – und wenn es »nur« in die virtuelle Welt ist. Denn da ist es leichter, jemand zu sein.

Wir sehnen uns alle nach der perfekten Welt, den perfekten zwischenmenschlichen Beziehungen, einem perfekten Umfeld. Und wir setzen alles daran, uns das hier im Leben zu ermöglichen. Wenn das ständig scheitert, dann geht der Mensch dorthin, wo er meint, es zu finden – auch, wenn es ihn viel kostet.

Beim Durchlesen der Geschichten der Schreiber oder beim persönlichen Umgang mit Flüchtlingen wird es plötzlich ein Stück nachvollziehbar, dass so viele Menschen alles dransetzen, um zu uns zu kommen.

Wir wohnen in Ländern, in denen es keinerlei militärische Auseinandersetzungen gibt – eine Seltenheit heutzutage. Zumindest äußerlich sieht alles tipptopp aus, auch wenn der Schein oft trügt. Jeder Flüchtling denkt: »Endlich Frieden!«

Wir leben in einem Umfeld, von dem sie den Eindruck vermittelt bekommen haben, dass sie hier in Sicherheit sind. Gesetze, die auch durchgesetzt werden. Ein Leben, das strukturiert und geordnet abläuft.

Ein neuer Lebensabschnitt, in dem sie einfach mal sagen können, was sie denken, ohne in der ständigen Angst leben zu müssen, gleich dafür gefoltert oder erschossen zu werden – Meinungsfreiheit.

Ein neuer Platz, an dem ihr Leben etwas zählt – zumindest mehr als zu Hause. Länder, in denen sie Chancen auf Bildung und einen sicheren Arbeitsplatz haben. Ein Umfeld, in dem sie sogar ein Geburtsdatum bekommen, auch wenn viele noch nie Geburtstag gefeiert haben.

Natürlich ist hier auch nicht alles so gut, wie viele Flüchtlinge es meinen – in der Arbeit der *GetAwayDays* bekommt man Einblicke in die unterschiedlichsten Leben von Jugendlichen. Und anhand von dem, was wir in den letzen Jahren so erlebt haben, wird deutlich: Auch hier gibt es viel Elend und Armut. Selbst wenn die schöne Fassade und die schönen Häuser viel verdecken, so kommt der Schmutz von Gewalt, Missbrauch und Verwahrlosung doch durch viele Ritzen und Öffnungen zum Vorschein.

Nicht alles, was glänzt, ist auch Gold, das ist schon klar. Aber wenn ich in der Lebenslage vieler Flüchtlinge wäre, in der jede Sekunde die letzte sein könnte, dann würde ich ganz sicher das tun, was jetzt so viele tun:

Dorthin fliehen, wo es aus meiner Sicht Zukunft für meine Familie und mich gibt!

TRAUMA – DIE REALITÄT IM ALLTAG VIELER FLÜCHTLINGE

Co-Autoren: Karl Hubert Kerschbaum und Uwe Schulz-Wallenwein

Wenn man jetzt allein an die Lebensgeschichten der Schreiber dieses Buches denkt und daran was sie so erlebt und durchgemacht haben – Zerstörung der eigenen Existenz, der Verlust von Hab und Gut, Krieg, Mord und brutalste Gewalt, Vergewaltigung und bestialische Entwürdigung … Wie wirkt sich das alles auf die Psyche eines Menschen aus?

PTBS steht für *posttraumatische Belastungsstörung*. Sie entsteht als Folge einer oder auch mehrerer Erlebnisse, die die Person auch nach einer gewissen Zeit nicht wirklich verarbeiten kann. Die Seele ist nachhaltig verletzt und auch die Zeit heilt beim Trauma leider nicht.

PTBS kann zum Beispiel durch einen Autounfall, ein Erdbeben, Misshandlungen, Kriegsschrecken, emotionale Unterversorgung im Kindesalter entstehen, wobei die betroffene Person Todesangst, Hilflosigkeit, tiefe Verzweiflung, Ausweglosigkeit und Resignation erlebt hat.

Auch Augenzeugen eines schlimmen und lebensbedrohlichen Geschehens können eine PTBS entwickeln, wenn diese die Situation nicht verarbeiten können: zum Beispiel das Miterleben, wie die eigene Schwester oder die Mutter vergewaltigt wurde und man dabei hilflos zusehen musste. Grundsätzlich kann jeder Mensch an einer posttraumatischen Belastungsstörung erkranken, wenn die schrecklichen Erlebnisse einfach zu viel, zu heftig, zu bedrohlich, zu häufig und vor allem schon in jungen Jahren passiert sind.

Obwohl unterschiedlichste traumatische Erlebnisse Auslöser einer PTBS sein können, haben sie dennoch eines gemeinsam: Sie gründen auf außerordentlich leidvollen Erlebnissen, bei denen man entweder selbst eine außergewöhnlich Bedrohung erlebt hat oder eine von anderen miterleben musste.

Abzugrenzen ist ein Trauma von negativen Lebensereignissen, die in jedem Menschenleben vorkommen, wie z. B. Trennung oder Tod von einem nahen Angehörigen.

Grundsätzlich sind Erwachsene besser in der Lage, mit bedrohlichen Erfahrungen fertigzuwerden. Jugendliche und insbesondere Kinder haben es erheblich schwerer, schlimme, bedrohliche, angstmachende Situationen gut zu bewältigen. Ihre emotionalen und kognitiven Verarbeitungsmöglichkeiten sind viel eingeschränkter, und somit sind Kinder auch deutlich häufiger von traumatischen Störungen betroffen.[5]

Was sind Risikofaktoren für eine posttraumatische Belastungsstörung?

Obwohl grundsätzlich jeder Mensch an einer posttraumatischen Belastungsstörung erkranken kann, löst nicht jede schlimme Erfahrung zwangsläufig eine PTBS aus. Hier sind beispielhaft einige Einflussfaktoren, die das Risiko erhöhen:

Das Lebensalter spielt eine besondere Rolle. Je jünger ein Kind ist, desto mehr ist es auf Schutz, Sicherheit, Bindung und Geborgenheit angewiesen. Dauerstress kann die Seele eines Kindes nachhaltig verletzen und zu schweren traumatischen Folgestörungen führen.

Man kann es sich so vorstellen: Ein dünner Ast bricht eben schneller als ein dicker Ast.

Die Dauer und besondere Schwere der Ereignisse sind weitere Risikofaktoren. Eine schreckliche Erfahrung kann man gerade noch wegstecken, viele schreckliche Erfahrungen, egal, ob ähnliche oder unterschiedliche, können die Seele mürbe machen und dann zerbrechen. Manche reden in diesem Zusammenhang von Seelenkollaps.

Wichtig ist, dass nach sehr belastenden Erfahrungen Menschen da sind, die die betroffene Person trösten, ihr wieder Schutz und

Zuversicht geben. Wenn aber auch Freunde und Familie betroffen sind und die Person mit ihrem Leid allein gelassen wird, ihr niemand glaubt oder sie Angst hat, etwas zu sagen, wird die Verarbeitung schwieriger, und traumatische Folgestörungen können viel eher entstehen.

Eine Gewalterfahrung durch andere Menschen, und ganz besonders durch nahe und wichtige Vertrauens- oder Bezugspersonen, wird deutlich schwerer verkraftet als Unfälle oder andere bedrohliche Erfahrungen, die vielen gleichzeitig passiert sind und in denen die Person sich nicht absichtlich betroffen fühlt.

Ein weiteres Risiko ist das Leben in ärmlichen Verhältnissen. Die dauernde Mangelerfahrung in vielen lebenswichtigen Bereichen kann einen Dauerstress bedeuten, der die emotionale Belastbarkeit deutlich verringert.[6]

Wie kann sich eine posttraumatische Belastungsstörung auswirken?

Dazu muss man wissen, dass die Folgen mehrerer traumatisch verarbeiteter Erfahrungen über die Jahre sehr unterschiedlich sind. Je nach Alter und Situation können sich traumatische Folgestörungen zeitnah zu den Erfahrungen, aber auch erst sehr viel später zeigen.

Nicht wenige schaffen es, trotz ihrer Traumata einige Zeit bis hin zu vielen Jahren ein relativ unauffälliges Leben zu führen. Allerdings wirken unverarbeitete Traumata wie Zeitbomben. Früher oder später zeigen sich die unverarbeiteten Erlebnisse eben doch, manchmal sehr zur Überraschung der Betroffenen selbst.

Hier sind einige typische Symptome:

- Albträume und andere Schlafstörungen
- Wiedererleben des Geschehenen (Intrusionen, Flashback)
- Angst- und Zwangsstörungen
- Übererregbarkeit (Hyperarrousel)
- Geringe emotionale Stabilität

- Persönlichkeitsstörungen, Beziehungsstörungen, Misstrauen, soziale Ängste (Phobien)
- Emotionale Stumpfheit, Gleichgültigkeit und Teilnahmslosigkeit der Umgebung und anderen Menschen gegenüber (Numbing)
- Aktive Vermeidung von Aktivitäten und Situationen, die Erinnerungen an das Trauma wachrufen könnten (Konstriktion)
- Konzentrationsschwierigkeiten
- Körperliche Erkrankungen, Somatisierungsstörungen
- Dissoziative Störungen
- Suchterkrankungen
- Depressionen
- Suizidale Tendenzen[7]

Was geschieht, wenn ich an einer posttraumatischen Belastungsstörung leide?

Häufig kommt es vor, dass die traumatisierenden Szenen immer wieder ungewollt ins Bewusstsein dringen. Ein Geruch, ein Geräusch, eine ähnliche Situation, ein Mensch – plötzlich ist das Erlebnis wieder präsent und beeinflusst das Denken, Fühlen und Handeln. Es ist für einen kurzen oder längeren Moment wieder so, wie es in der Trauma verursachenden Situation war (als ob die Person wieder direkt in der Erfahrung wäre). Panik, Ekel, Übelkeit, Schweißausbruch, Fluchttendenzen oder Aggressionen kommen hoch, ohne dass ich in dem Moment die eigenen Empfindungen und Verhaltensweisen steuern kann. Besonders nachts kommt das Erlebte wieder hoch. Albträume sind häufig der Fall. Diese sind verbunden mit schweißüberströmtem Aufwachen und plötzlich auftretenden Ängsten, die dafür sorgen, dass man ständig in Alarmbereitschaft versetzt wird. Diese Übererregung (Hyperarrousel) funktioniert wie ein Alarmknopf, der sich verklemmt hat und nicht mehr ausgeht. Dies führt zu einer starken inneren Unruhe und wirkt sehr erschöpfend.[8]

Hier ein Beispiel für Flashbacks und den möglichen Umgang im Rahmen der *GetAwayDays*.

In unserem »ADVENTURE«-Programm gehen wir unter anderem in eine Höhle mit unseren Gruppen. Es ist keine Touristenhöhle mit Treppen und Licht, sondern es ist eine Natursteinhöhle ca. 1 000 Meter unter dem höchsten Gipfel der Region, dem Dachstein. Bevor wir zur Höhle wandern, bekommt jeder Teilnehmer seine Ausrüstung – einen Schlaz (einen Höhlenanzug), einen Helm und eine Stirnlampe. Am Höhleneingang angekommen, geht es los: Jeder zieht sich um und dann erfolgt eine kleine Einweisung. Die Höhle ist ziemlich feucht und die Innentemperatur relativ niedrig, so ca. 2 bis 3 Grad Celsius.

Durch enge Gänge, Kletterpassagen und große offene Dome bewegen wir uns nun ins Innere der Höhle. Meistens kann man gehen, oftmals muss man hoch- oder runterklettern, und immer wieder muss man auch krabbeln, wenn es etwas enger wird.

Die meisten unserer Teilnehmer sind total beeindruckt und begeistert von der Höhle, denn so etwas haben sie davor noch nie erlebt!

Doch nach einiger Zeit kommt dann ein etwas anspruchsvollerer Teil – ein engerer Gang, in dem man auch durch das »Windloch« robben muss, eine relativ kleine Öffnung.

Wir weisen die Teilnehmer darauf hin, erklären ihnen, wie man am besten durchkommt, und einer aus unserem Team leuchtet noch mal extra, damit die Teilnehmer sich sicher fühlen.

Alles läuft super, einer nach dem anderen kriecht durch das enge Loch. Dem Einzelnen ist die Anspannung im Gesicht abzulesen, aber sobald man durch ist, kommt das fette Grinsen!

Doch plötzlich rastet einer aus und fängt an zu schreien – das wirkt ziemlich gespenstisch in diesem dunklen Loch. Er schlägt um sich und fängt an, Steine zu schmeißen – einer vom Team ist sofort bei ihm und fängt an, mit ihm zu reden.

Langsam beruhigt er sich wieder, und uns wird deutlich, dass es ein Flashback ist von all den schrecklichen Erlebnissen, die hinter ihm liegen.

Wir ermutigen ihn, dass wir das gemeinsam schaffen können, doch er zögert. Natürlich bieten wir auch an, dass einer des Teams mit ihm zurückgehen kann, um am Eingang der Höhle auf den Rest der Gruppe zu warten. Man merkt, wie er innerlich hadert: Am liebsten würde er umdrehen, aber auf der anderen Seite will er die Herausforderung meistern.

Schließlich kriecht er los, während wir ermutigend und beruhigend mit ihm reden. Stück für Stück, bis er auf der anderen Seite ist – geschafft! Das ganze Gesicht strahlt vor Stolz und Freude.

In vielen Gruppen passiert so etwas oder Ähnliches. Bis jetzt haben wir erst einen jungen Mann gehabt, mit dem wir wirklich umdrehen mussten. Alle anderen haben es gemeistert!

Diese Erfahrungen zeigen, was traumatisierte Menschen dringend brauchen:

Korrigierende, stärkende Erfahrungen, durch die sie verloren gegangenes Selbstbewusstsein und Selbstvertrauen wieder neu lernen. Unser Hirn kann zwar früher gemachte, traumatische Erfahrungen nicht wirklich vergessen, aber es kann durch neue, stärkende, gute Erfahrungen lernen, und diese können die Traumaerinnerungen und Reaktionsmuster mehr und mehr in den Hintergrund treten lassen.[9]

Sie haben in den vergangenen Kapiteln von Menschen gelesen, die schon sehr viel durchgemacht haben in ihrem Leben. Stellen Sie sich einfach mal folgendes Szenario vor:

Eine komplette Turnhalle voller Flüchtlinge, keine Privatsphäre, viele sind völlig entkräftet von der langen Flucht. Die Unsicherheit der Zukunft und die Angst um die eigenen Familien lassen bei vielen die Nerven blank liegen. Beinahe alle haben furchtbare Dinge erlebt. Schon vor der Flucht (Krieg, Unsicherheit, lebensbedrohliche Situationen …) oder auf dem Weg hierher …

Es ist dunkel, Zeit zum Schlafen, mehrere Hundert Flüchtlinge liegen auf ihren »Betten«. Eigentlich ist Ruhe angesagt.

Doch jetzt ist da einer – nur ein Einziger, der mehrmals pro Nacht wie am Spieß anfängt zu schreien, weil er eingeholt wird von vielen furchtbaren Erinnerungen. Er sitzt schweißgebadet auf seinem »Bett« und kreischt vor sich hin, bis sein Nachbar ihn wieder beruhigt und er wieder einschläft.

Während andere dadurch aufgewacht sind und wieder mit ihren eigenen Schreckenserlebnissen konfrontiert werden, schläft der Betroffene wieder ein.

Doch es dauert nicht lange, es sind gerade wieder alle eingeschlafen, da wird er wieder von fürchterlichen Albträumen übermannt, wieder beginnt er lautstark zu brüllen …

In vielen Unterkünften ist das ja dann nicht nur einer, sondern es ist eine ganze Reihe von Menschen, denen es genau gleich geht. Da ist wahrscheinlich oft nicht viel mit Schlafen.

Und was das für einen Stress verursachen muss in denen, die »gesund« sind …

Das Geschehen – das Trauma – verändert nachhaltig das Selbstverständnis und das Weltverständnis der betroffenen Person.

So kann das Vertrauen in die eigenen Fähigkeiten (Selbstwirksamkeit), aber auch in andere Menschen nachhaltig beeinträchtigt sein.

Die Verarbeitung von zu schlimmen, zu häufig wiederkehrenden, immer wieder erlebten lebensbedrohlichen Situationen kann man sich, bildhaft gesprochen, so vorstellen:

Eine riesige Schweinshaxe liegt vor uns auf dem Teller (damit ist die Traumasituation gemeint). Es ist völlig klar, dass dieses große Stück niemals in einem Bissen runtergeschluckt werden kann. Also schneiden wir immer ein kleines Stück mundgerecht ab.

So verarbeitet, bildlich gesprochen, das Hirn Erfahrungen, die emotional einfach zu groß, zu heftig, zu stressig und zu lebensbedrohlich sind. Die Erfahrungen werden in einzelne Teile abgespeichert (fragmentiert), wie ein Puzzle, und diese einzelnen Erinnerungssprengsel bilden das Traumagedächtnis.[10]

Bei Kindern, die traumatisiert sind, findet häufig eine Rückentwicklung (Regression) oder Entwicklungsverzögerung statt. Oft ist auch die Sprachentwicklung betroffen. Ein Kind macht z. B. wieder ins Bett, obwohl es diese Phase eigentlich schon längst hinter sich hat. Häufig klagen die Kinder auch über körperliche Symptome wie Bauch- oder Kopfschmerzen. Die Schulleistungen werden eher schlecht, Konzentrationsstörungen treten auf, sie »flüchten« in eine Fantasiewelt (Dissoziation), und das Erlebte kehrt häufig in Spielen wieder (repetitives oder traumatisches Spiel).[11]

Vergangenen Sommer hatten wir eine Gruppe bei den *GetAway-Days*, in der etliche Teenager waren, die eine schreckliche Vergangenheit hinter sich haben. Tagelanges Eingesperrtsein im Keller, extreme Vernachlässigung durch die Eltern, aber auch brutaler körperlicher Missbrauch.

Während der Woche haben wir uns immer wieder gefragt: Was ist nur los mit diesen Jugendlichen? Sie sind 14 oder 15 Jahre alt, aber verhalten sich noch so kindlich.

Als wenn sie etwas zurückgeblieben wären, obwohl sie äußerlich völlig gesund erschienen.

Als mir dann der Freund, der mir als Psychologe geholfen hat, dieses Kapitel zu schreiben, diese Fakten vorlegte und über die Auswirkungen von Traumata redete, da machte mir auf einmal vieles mehr Sinn. Oft hatte ich mir über das Verhalten der Jugendlichen das Hirn zerbrochen, weil ich es nicht verstand, warum sie so kindlich waren – beinahe wie Kleinkinder, und warum sie sich so extrem schwer damit taten, uns zu vertrauen –, aber jetzt verstehe ich, dass Traumata sich unter anderem dadurch auswirken können, dass Kinder sich zurückentwickeln bzw. sich nicht weiterentwickeln!

Viele haben vielleicht Ähnliches erlebt in der eigenen Familie …

Die deutschsprachige Nachkriegsgesellschaft, Menschen, die im Krieg extreme Dinge erlebt und durchlebt haben.

Ein Mann war im Krieg, und als er nach vielen Jahren Kriegsgefangenschaft zurückkam, haben ihn weder seine Frau noch seine Kinder verstanden. Für viele Kinder waren die Väter fremde Männer geworden. Anscheinend jähzornig und grausam wegen Kleinigkeiten. Wie viele Ehefrauen haben ihren Mann angeschrien und sich gefragt, was aus ihm geworden sei, nachdem er wieder einmal wegen der geringsten Kleinigkeit das Kind vermöbelt hatte?

Die jungen Männer, die vorher Soldaten gewesen waren und unvorstellbare Grausamkeiten erlebt hatten, wurden Ehemänner von Frauen, die sich z. T. für ein paar Lebensmittelmarken prostituieren mussten. Man hatte im Krieg gelernt, dass das Leben ein Kampf ums Überleben ist.

Nicht wenige hatten Probleme damit, sich auf Nähe oder Liebe einzulassen. Ganze Nationen hatten jahrelang nicht über die Folgen dieser traumatischen Erlebnisse, die im Krieg gemacht wurden, gesprochen. Es wurde einfach darüber geschwiegen und gearbeitet.

In vielen Familien gab es ähnliches Miss- und Unverständnis wie im Film »Das Wunder von Bern«. In diesem Film zeigt eine Szene, wie der Sohn sein Kaninchen hegt und pflegt und er eine liebevolle Beziehung zu seinem Tier aufbaut.

Die Nähe zu dem Tier hilft ihm auch, über seinen schwierigen Vater hinwegzusehen und in eine zärtliche Welt zu flüchten. Der Vater wiederum kommt aus der Kriegsgefangenschaft heim, in der er offensichtlich Fürchterliches erlebt hat. Was, das erfahren weder seine Frau, das Kind noch die Zuschauer. Aber für ihn ist das Kaninchen kein Objekt, das liebevoll behandelt wird, sondern ein

Nahrungslieferant. Er schlachtet das Kaninchen, ohne es seinem Sohn zu sagen.

Noch heute – Jahrzehnte nach den traumatischen Kriegserfahrungen – kommen die Erlebnisse zum Teil wieder ans Licht, wenn zum Beispiel die schrecklichen Erfahrungen des Krieges plötzlich bei der dementen Omi ausbrechen, die wild um sich schlägt, wenn ein Pfleger sie zum Waschen ausziehen möchte.

Wir müssen aber gar nicht so »weit« in die Vergangenheit schauen. Eine Viertelmillion deutscher Soldaten war in Afghanistan oder auf dem Balkan eingesetzt. Angeblich leiden nur 2,9 Prozent der deutschen Soldaten an einer behandlungsbedürftigen PTBS.

Im Vergleich dazu: 9 bis 20 Prozent der US-Truppen weisen PTBS auf. Wir scheinen ein Volk zu sein, das psychische Probleme nicht thematisiert.[12]

Experten gehen davon aus, dass 40 bis 50 Prozent der Flüchtlinge traumatisiert sind und viele davon an PTBS leiden.

Im Jahr 2015 sind weltweit knapp 60 Millionen Menschen auf der Flucht (Zahlen nach UNO-Flüchtlingshilfe) – die Hälfte davon sind Kinder.

Das bedeutet in Zahlen: bis zu 30 Millionen von ihnen sind traumatisiert und wiederum viele davon leiden an unterschiedlichen Traumafolgestörungen.

Man sagt das so leicht: »Ach, der soll sich doch nicht so anstellen, er soll die Sprache lernen, arbeiten etc. …«

Tatsache ist allerdings, dass es nicht so einfach ist, wie wir es gerne hätten. Ziemlich sicher haben wir viele Flüchtlinge im Land, die gerne die Sprache lernen würden, aber Traumafolgestörungen können diese Bemühungen massiv beeinträchtigen.

Allein anhand der Lebensberichte in diesem Buch kann man schon erahnen, dass Traumatisierungen zu den unterschiedlichsten Zeitpunkten erfolgt sein können:

Viele wurden schon vor der Flucht traumatisiert.

Vielleicht können Sie sich noch an die Geschichte aus Kapitel zwei erinnern: die junge Frau aus Afghanistan. Mit sechs Jahren wurden ihr einfach die zwei älteren Brüder entführt, die sie nie mehr gesehen hat. Dann folgte eine Flucht in den Iran, das war bestimmt auch kein Zuckerschlecken. Ihr Vater wurde dort ständig misshandelt und gefoltert, ihre Mutter war durch das Geschehene so traumatisiert, dass sie kaum mit ihrer Tochter redete.

Dann wurde sie entführt und von ihrem eigenen Onkel gefangen gehalten, ständig in der Angst, wieder gedemütigt und vergewaltigt zu werden – und das als junges Mädchen.

Doch obwohl unsere Schreiber dem Chaos in der »Heimat« entflohen sind, war die Flucht für viele unter ihnen vielleicht noch traumatischer.

In Kapitel drei beschreibt ein Teenager aus Somalia, was er auf der Flucht erlebt hat. Als er die Geschichte aufgeschrieben hat, wollte und konnte er keine Details nennen, da ihn das Erlebte sofort wieder einholte.

Einmal am Tag etwas zu essen in einem Raum mit 80 anderen Flüchtlingen. Schlafen konnte er nur im Sitzen mit angezogenen Knien, denn zum Hinlegen gab es keinen Platz. Wärter, die sie mit Schlagstöcken bearbeitet haben – fünf lange Monate. Er beschreibt, dass er noch heute nachts aus seinem Bett hochschreckt aufgrund alter Erinnerungen – PTBS.

Dann die lange Schifffahrt, ca. 200 Flüchtlinge auf einem komplett überfüllten Boot, zusammengepfercht wie Vieh.

Er hat mir persönlich die Narben an seinem Körper gezeigt – das sind keine leeren Worte, das ist die grausame Realität unserer Welt.

Doch dann sind sie endlich hier – in Sicherheit, wie man meinen könnte, aber auch das ist manchmal ein Trugschluss.

Erinnern Sie sich noch an den Bericht des jungen Studenten aus Togo in Kapitel neun. Er wurde in Deutschland in einem sehr kleinen Zimmer mit sieben anderen Flüchtlingen untergebracht.

Tag und Nacht kam ständig die Polizei herein, um ihr Gepäck zu durchsuchen. Eines Nachts wachte er um vier Uhr morgens auf mit einer Pistolenmündung an der Schläfe. Ups, da hatte ein Polizist das Zimmer verwechselt – aber danach wachte er jahrelang jeden Morgen um vier Uhr auf und konnte nicht mehr schlafen.

Was kann man tun in Anbetracht dieser Zustände?

Es scheint zunächst wichtig, dass die Mitarbeiterinnen und Mitarbeiter, die sich, gleich ob hauptamtlich oder ehrenamtlich, um Flüchtlinge kümmern, etwas über Traumata und mögliche Traumafolgestörungen wissen. Dabei geht es zunächst noch nicht um Therapie, sondern um Verständnis und einen traumasensiblen Umgang mit möglichen Betroffenen.

Traumafolgestörungen überhaupt zu erkennen und sowohl den Betroffenen wie auch der unmittelbaren Umgebung erste Hinweise zum verständnisvollen Umgang zu geben, wäre im Sinne einer Erstversorgung von Traumaopfern eine immens wichtige Maßnahme. Bereits dadurch kann, im Sinne postpräventiver Maßnahmen, zur Linderung und Stabilisierung der belasteten Psyche beigetragen werden.

Für Kinder und Jugendliche z. B. sind erlebnispädagogische Maßnahmen wie die der *GetAwayDays* enorm hilfreich, um in geschützten und sicheren Lernräumen wieder Vertrauen zu sich selbst und zu anderen zu erfahren und somit nach den früheren, schlimmen Erfahrungen neue, hilfreiche und für sie erfolgreiche Erfahrungen zu sammeln, um dadurch wieder stärker und resilienter zu werden.

Der Bund Deutscher Psychologen (Präsidiumsbeauftragte für Menschenrechte, Dipl.-Psych. Eva van Keuk) schreibt eine Stellungnahme zum Thema:

Welcher Behandlung bedürfen traumatisierte Flüchtlinge ohne sicheren Aufenthalt?

Wir müssen die Realität anerkennen: Unter den Flüchtlingen und AsylbewerberInnen in Deutschland ist ein großer Anteil psychisch krank infolge von schweren Traumatisierungen.

Aus klinischer Sicht ist (...) von einem akuten Behandlungsbedarf auszugehen:

Die Sorge vor einer Abschiebung, die beengte Lebenssituation in einem Flüchtlingswohnheim, die Zeugenschaft von Abschiebungen sind nur einige der üblichen Belastungen, denen AsylbewerberInnen ausgesetzt sind. Hinzu kommen belastende Nachrichten aus den Heimatregionen und die Sorge um Verwandte, die weiterhin kriegerischen Unruhen, Inhaftierung oder Folter ausgesetzt sind. Regelhaft sorgen diese spezifischen Lebensumstände für schwere Symptomverschlechterungen und akute Krisen, die erst im Rahmen einer psychotherapeutischen Behandlung aufgefangen werden können.

Ein unsicherer Aufenthalt bewirkt eine Verschlechterung der vorhandenen Traumasymptome – gerade Flüchtlinge und AsylbewerberInnen mit unsicherem Aufenthalt benötigen daher eine adäquate Behandlung.

Die Psychosozialen Zentren für die Behandlung von Folteropfern in Deutschland[13] behandeln seit vielen Jahren mit sehr guten Erfolgen traumatisierte Flüchtlinge, wobei ein großer Anteil unter ihnen über keinen gesicherten Aufenthalt verfügt. In dieser Situation kann die psychotherapeutische Behandlung suizidale Krisen auffangen, bei der Bewältigung der Symptome im Alltag helfen, Ängste über Psychoedukation abbauen und die Belastung für weitere Familienangehörige verringern.

Der unsichere Aufenthalt selbst wirkt sich zudem als Stressor negativ auf die vorhandenen Symptome aus – die Angst vor der Abschiebung erschwert eine Heilung. In einer aktuellen Studie[14] zeigte sich beispielsweise ein signifikanter Zusammenhang zwischen der subjektiv wahrgenommenen Aufenthaltsunsicherheit und dem Ausmaß der Traumasymptome.[15]

Trauma, PTBS ... das waren jetzt viele Fakten und teilweise vielleicht etwas trockene Theorie, nach der man sich oft fragt: »Und was nun?«

Hier ist eine praktische Hilfestellung:

Natürlich ist es außerordentlich wichtig, die traumatisierten Flüchtlinge traumapädagogisch, -beraterisch und -therapeutisch zu betreuen. Fachkräfte können helfen, indem das Erlebte aufgearbeitet wird. Wird die Störung nicht behandelt, kann sie chronisch werden und die Lebensqualität und die Teilhabe am Berufsleben massiv einschränken. Bei rechtzeitiger und richtiger Therapie sind die Heilungsaussichten gut.

Idealerweise sollte die Behandlung einer posttraumatischen Belastungsstörung frühzeitig erfolgen. Idealerweise gehört sie in die Hände eines/einer ausgebildeten Traumatherapeuten/-therapeutin. Unter Anleitung findet zunächst eine Stabilisierung der emotionalen und sozialen Situation statt. Je nach individuellen Möglichkeiten und Notwendigkeiten nähern sich die PatientInnen dann im sicheren Rahmen den traumatischen Erinnerungen an.

Diese können dann im Idealfall nach und nach integriert werden, sodass aus dem Traumapuzzle, wie oben beschrieben, eine verarbeitete Erinnerung wird, die das zukünftige Leben nicht mehr so beeinträchtigt, wie es zuvor der Fall war.[16]

Unter folgender Website können Sie direkt mit Experten Verbindung aufnehmen, um traumatisierten Flüchtlingen helfen zu können: *www.baff-zentren.org*

Auf der anderen Seite ist aber auch die persönliche Hilfe, die so gut wie jede Einzelperson in unterschiedlichsten Formen leisten kann, nicht zu unterschätzen und sehr hilfreich.

UND WAS NUN?

Diese Frage beschäftigt mittlerweile viele und verursacht in meinem Leben hin und wieder schlaflose Nächte. Ich habe keine eindeutige Antwort.

Aber immer mehr stelle ich fest: Es scheint die Frage zu sein, auf die keiner hier eine befriedigende Antwort hat!

Millionen von Flüchtlingen. Haarsträubende Einzelschicksale. Hunderttausende, die schwer traumatisiert sind. Unter die große Mehrzahl dieser Menschen mischen sich Leute, die schlechte Absichten haben oder unsere Systeme einfach nur schamlos ausnutzen wollen und auch werden. Politiker, die nicht mehr weiterwissen. Bundesländer, die hoffnungslos überfordert sind. Kommunen, in denen die eigenen Kinder nur noch draußen Sportunterricht haben, weil alle Turnhallen belegt sind. Freiwillige Feuerwehren, die innerhalb kürzester Zeit Camps für Registrierung und Gesundheits-Check aufstellen sollen – und das neben Arbeit, Sportverein und Familie. Große Massen an Bürgern, die unsicher sind, vielleicht Angst haben und definitiv einer Zukunft entgegengehen, die anders wird als das, was sie bis jetzt »normal« nennen.

Und wir sind mittendrin … das ist schon verrückt.

Ein vielfach zitierter Satz ist momentan mein ständiger Begleiter: »Erstens kommt es anders und zweitens, als man denkt.«

Ich merke, wie viel Wahrheit und Realität dieser Satz in sich trägt, egal, wie sehr mir das nun widerstrebt oder auch nicht – es ist halt so.

Es ist schon bemerkenswert, wenn Politiker in diesen Tagen und unter solchen Umständen immer noch sagen: »Flüchtlinge willkommen.«

Das zeugt entweder von grenzenloser Vermessenheit oder von einem starken Rückgrat.

Schon seit Monaten hat man es als Politiker definitiv einfacher, wenn man mit Slogans wirbt wie: »Wir machen die Grenzen dicht« oder »Wir schotten uns ab«.

Ganz sicher wird dieses Thema in allen politischen Wahlkämpfen auf allen Ebenen eine große Rolle spielen.

Die Frage ist nur: Sind andere Politiker besser? Würden sie mit der Situation besser umgehen? Würden sie alles richtig machen? Und vor allem – würden sie zu ihren Worten stehen?

Ich bezweifle es.

Da brauchen wir nur Fußball schauen.

Wenn die Mannschaft eines Trainers versagt, dann liegt es natürlich immer am Trainer. Deswegen muss der alte Trainer gehen und ein neuer her, denn dann wird ganz sicher alles besser. Denn während der alte Trainer mit seiner Mannschaft verliert oder zumindest keinen sichtbaren und messbaren Erfolg liefert, weiß ja jeder immer alles besser.

Alter Trainer weg – neuer Trainer her. Das erscheint eine logische Lösung zu sein – eine Rechnung, die simple und offensichtlich ist.

Manchmal geht die Rechnung auf – oft auch nicht.

Das beste Beispiel ist im Moment der erste Bundesligaverein meines Bundeslandes – ein Trainer nach dem anderen, aber besser scheint's im Moment nicht zu werden.

Wenn ich Politiker höre, die jetzt immer noch sagen: »Wir wollen helfen!«, dann bin ich, ehrlich gesagt, stolz darauf! Ich freue mich darüber – auch wenn ich unsicher bin, wie das genau aussehen soll. Es zeigt mir, dass Individualismus, Machtgier und Materialismus zwar unsere Gesellschaft prägen, es aber immer noch Menschen gibt, die hinstehen und aufstehen für Überzeugungen, die sie nicht populär machen.

Mich überzeugt die Haltung: »Wir wollen helfen« mehr als die Lebensphilosophie: »Hauptsache, mir geht's gut«.

Das Sprichwort »Wenn jeder an sich selbst denkt, ist auch an jeden gedacht«, geht in der Realität einfach nicht auf – das wissen wir alle.

Ich will nicht eine Seite schönreden und die andere schlechtreden, denn egal, welche politische Seite man ergreift – beim Thema Flüchtlinge wird es keine schnelle, einfache und angenehme Lösung geben.

Allerdings stehe ich persönlich lieber hinter im Moment unpopulären Politikern mit Rückgrat, die dann ruhig im Amt bleiben sollen, um die eigene Suppe auszulöffeln, als hinter denen, die einen Großteil der Bevölkerung vielleicht hinter sich haben, aber auch keine bessere Lösung für die Herausforderungen bieten.

Was ich mir allerdings wünsche von der Politik, ist, dass sie es uns als Bürgern so einfach wie möglich macht, mit der Situation umzugehen.

Ich stelle immer mehr fest, dass dieser Willkommensgruß für Flüchtlinge sich gut anhört, aber auch große politische und vor allem auch persönliche Verantwortung überträgt.

Denn eins ist klar – ohne eine Bevölkerung hinter diesen Worten, ohne Sie und mich ist dieses edle Anliegen nicht umsetzbar.

Jetzt stellt sich mir die unangenehme, aber dringliche Frage: Will ich das überhaupt – Verantwortung übernehmen?

Grundsätzlich schon – trotzdem gibt es Momente, in denen ich hin- und hergerissen bin.

Mir würde es helfen, wenn die Aussagen mancher Politiker untermauert wären durch eine klare Gesetzgebung, die denen hilft, die dieses edle Anliegen unterstützen wollen.

Eine Gesetzgebung, die den Allgemeinbürger aber auch davon entlastet, jedem helfen zu sollen und zu müssen, der halt irgendwie in unsere Länder kommt.

Eine Gesetzgebung, die mir als kleinem Mann vermittelt: »Wir brauchen dich, wir sind angewiesen auf dich, und wir wollen dir deinen Einsatz erleichtern und dich dabei tatkräftig unterstützen!«

Und das vermisse ich nach wie vor.

Natürlich tut sich auf diesem Gebiet schon einiges. Trotzdem scheint es im Moment, als ob die Angst davor, Wähler zu verlieren und immer »politisch korrekt« zu handeln, größer ist als das Streben nach einer hilfreichen und vor allem klaren und unkomplizierten Gesetzgebung.

Neulich gab es von unserem Landratsamt den Aufruf, sich zu melden, wenn man bereit ist, einen minderjährigen Flüchtling bei sich zu Hause aufzunehmen.

Bekannte folgten diesem Aufruf. Er ist Arzt, sie ist Krankenschwester, die Kinder sprechen mehrere Sprachen, ein gutbürgerliches Zuhause.

Dann kam das Landratsamt zu ihnen … und hat ihnen solche Hürden auferlegt, dass die Familie gesagt hat: »Wir lassen die Finger davon.«

Es ist offensichtlich: Jeder, der sich einbringen will, braucht einen guten Rückhalt und Unterstützung durch die Politik. Dann kann aus einer scheinbar unüberwindbaren Hürde vielleicht ein großer Gewinn entstehen.

Und deswegen stelle ich mir die Frage: Was ist jetzt meine Verantwortung in alldem?

Ist meine Hilfe oder meine Bereitschaft, mich einzubringen, nicht nur ein Tropfen auf den heißen Stein?

Kennen Sie dieses überwältigende Gefühl: »Egal, was ich mache, das bring doch eh nichts«?

Dieses Gefühl, das lähmt, entmutigt und die eigene Unsicherheit noch verstärkt?

Ich kenne es nur zu gut!

Aber eines ist mir bewusst geworden, als ich neulich im Regen spazieren ging, um über all das nachzudenken:

Viele kleine Tropfen ergeben irgendwann auch eine Flut, die ihr Umfeld prägt!

Sie und ich, wir können zu einer Flut werden, die die gesamte Flüchtlingssituation prägt. Die das Leben von einzelnen Menschen prägt. Es wird hart werden, es wird Schweiß und Anstrengung kosten, es wird uns aus unserer Komfortzone herausholen und es wird uns oft überfordern ... Aber es lohnt sich. Es lohnt sich immer, in andere Menschen zu investieren.

Wenn Flüchtlinge ankommen und in Erstaufnahmeeinrichtungen aufgenommen werden, dann gilt es zuallererst, die Grundbedürfnisse zu sichern.

Ein Dach über dem Kopf, Essen, Trinken, medizinische Erstversorgung ...

Und dabei kann jeder, der irgendwie will, sich einbringen.

Beinahe überall gibt es mittlerweile einen Arbeitskreis »Asyl«, der immer Mitarbeiter und Helfer sucht. Informationen dazu bekommt man auf jedem Rathaus.

Den Menschen, die hierher kommen, geht es nicht anders als uns: Der erste Eindruck zählt.

Denn dieser wird das Verhalten und Denken eines Flüchtlings in Bezug auf unsere Länder stark prägen. So wird der Betreffende uns als Bevölkerung einstufen und letztendlich auch Sie und mich als Individuum. Ob Sie und ich nun so sind, wie es der erste Eindruck vermittelt hat oder auch nicht, das ist eine andere Geschichte ...

Während sich die Erstaufnahmeeinrichtungen im Moment im Ausnahmezustand befinden, in denen ein sehr schneller Wechsel stattfindet, so sind die Gemeinschaftsunterkünfte wohl eher der Platz, in dem für viele Flüchtlinge der »Alltag« einkehrt (zumindest bis sie wieder »umverfrachtet« werden). Hier warten sie das Asylverfahren ab.

Prinzipiell ist der Landkreis verantwortlich für die Flüchtlinge vor Ort. Er stillt die Grundbedürfnisse: Unterkunft, Kleidung,

Essen und Trinken bzw. gibt das Geld dafür. Der Kreis trägt auch die Kosten für die ärztliche Versorgung der Asylbewerber.

In Baden-Württemberg ist es so (das variiert je nach Bundesland), dass der Landkreis dazu verpflichtet ist, Flüchtlingssozialarbeiter zur Betreuung der Unterkünfte zu beschäftigen. In größeren Einrichtungen haben sie ihr Büro vor Ort, kleinere Einrichtungen werden »regelmäßig« angefahren. Die Landkreise haben alle in »irgendeiner Form« eine Wohnheimverwaltung. Zudem gibt es Hausmeister, die für die Unterkünfte zuständig sind.

Auch in Österreich ist das jeweilige Bundesland verantwortlich für die sogenannte »Grundversorgung«. Manche Bundesländer machen das selbst, manche, wie zum Beispiel Tirol, geben die Grundversorgung an eine Organisation ab (Volkshilfe, Caritas usw.).

Das war's!

Jetzt schießen viele offene Fragen durch meinen Kopf:

Und was machen die da jetzt den ganzen Tag? Wer kümmert sich um diese vielen Leute? Wie kommen die unterschiedlichen Volksgruppierungen, die sich »zu Hause« gegenseitig bekriegen, jetzt hier miteinander klar? Wie sollen sich diese Leute jetzt hier integrieren?

Das sind mal grundlegende Fragen … die Antwort darauf ist erschreckend einfach:

Entweder, die Flüchtlinge ergreifen selbst Initiative, damit all diese Dinge passieren, organisiert werden und funktionieren …

Oder: Wir sind gefragt.

Integration hat nichts mit schlauen Reden und verkopften Theorien zu tun.

Wir haben es alle realisiert:

Integration geschieht in der Politik durch Ideen, Debatten und Gesetze – das ist die Theorie. Im Moment hinkt diese Theorie noch gewaltig in Bezug auf den Ernst der Situation. Es gibt noch viel Entwicklungspotenzial nach oben. Trotzdem müssen wir berücksichtigen, dass auch Rom nicht an einem Tag erbaut wurde – alles braucht seine Zeit. Trotzdem wissen wir genau, dass Integration nichts mit Sprüchen, Reden und Theorie zu tun hat.

Deswegen ist eine freie Demokratie nur so viel Wert wie die Bürger, die hinter ihr stehen.

Denn ohne die praktische Umsetzung ist die beste Theorie nichts wert.

Und darum ist Integration im Alltag relativ abhängig von Ihnen und mir. Wir spielen hier eine entscheidende Rolle. Jeder Einzelne ist wichtig!

Bei aller eventuellen Hilfsbereitschaft gibt es eine grundlegende Notwendigkeit: Alle Hilfe muss koordiniert werden.

Wenn jeder, der was tun will, irgendetwas irgendwo und irgendwie tut, dann wird es Chaos geben – dort in dem Ort, in dem Sie wohnen.

Oftmals koordiniert das die Stadtgemeinde direkt oder aber ein Team von Verantwortlichen vor Ort (Arbeitskreis Asyl). Vielleicht sind Sie auch die erste Person vor Ort, die die Initiative ergreift.

Deswegen ist es ratsam, erst mal Informationen über das Asylbewerberheim zu holen und herauszufinden:

Gibt es bei mir vor Ort schon Leute, die mein Anliegen teilen?

Wer ist die verantwortliche Person für dieses Heim? Heimleiter, Hausmeister, Sozialarbeiter etc. …

Es ist hilfreich, mit dieser Person Kontakt aufzunehmen und sich vorzustellen.

Informieren Sie sich darüber, welche Herkunftsländer und Kulturen vertreten sind.

Bis hierher war das alles ja noch nicht wirklich persönlich. Ab jetzt geht's raus aus der eigenen Komfortzone. Das ist wahrscheinlich der schwerste Schritt, und wir wissen aus eigener Erfahrung: Aller Anfang ist schwer.

Der erste Besuch im Flüchtlingsheim/Ihr erster persönlicher Kontakt zu Flüchtlingen.

Es ist sicherlich hilfreich und leichter, wenn Sie mit einer anderen Person oder einer kleinen Gruppe gehen.

Wiederum gilt: Der erste Eindruck zählt! Mit einer freundlichen Begrüßung werden Sie schnell die Herzen vieler Menschen gewinnen.

In vielen Fällen wird man Sie dann einladen, in die Unterkunft zu kommen/eventuell ins Gemeinschaftszimmer reinzukommen.

Dabei sind wieder »Kleinigkeiten« ganz entscheidend: Männer reden mit Männern, Frauen mit Frauen. Probieren Sie das Essen, das Sie angeboten bekommen!

Eigentlich ganz einfach und unkompliziert …

Aber ich kann mich noch daran erinnern, als ich das erste Mal an diesem Punkt stand. Natürlich wusste ich, wie wichtig es ist in der afghanischen Kultur gemeinsam zu essen. Damals wurde mir ein Schwarztee angeboten, der so viel Zucker enthielt, dass der Löffel darin stand. Obwohl ich selbst nie etwas Heißes trinke – und schon überhaupt keinen Tee, trank ich alles.

Doch dann gab es noch »Kuchen« – Mehl, Öl und Zucker, das in einem Topf so lange erhitzt und gerührt wird, bis es eine klumpige Masse ergibt.

Natürlich habe ich auch den probiert, aber diesen Geschmack werde ich bestimmt nie wieder vergessen. Wie sagt man so schön im Schwäbischen: »Der Hunger treibt's runter und der Anstand behält's drin.«

Ich habe es überlebt – ohne Probleme, und danach hatte ich ein paar neue Freunde gewonnen.

Nach dem ersten Kontakt geht es dann darum, dem Einzelnen zu helfen, sich hier zurechtzufinden – im besten Falle entstehen daraus Beziehungen und Freundschaften.

Dafür gibt es simple Grundregeln: gegenseitige Wertschätzung und Respekt.

Wenn man einem anderen Menschen auf Augenhöhe begegnet und ihm nicht das Gefühl vermittelt, er wäre weniger wert – aus welchem Grund auch immer, dann ist das Gegenüber meistens auch sehr offen für neue Kontakte, Beziehungen oder sogar Freundschaften. Letztendlich weiß jeder Flüchtling: Er ist angewiesen auf Beziehungen zu den Menschen hier vor Ort.

Bei allen Flüchtlingen, die ich bis jetzt kennengelernt habe, hatte ich erst zwei negative Erlebnisse, bei denen ich respektlos behandelt wurde.

Beziehungen können nicht erzwungen werden, und deswegen habe ich mir gesagt: Es gibt genug Flüchtlinge, die mich und den Kontakt zu mir wertschätzen, die zwei müssen halt jemand anderen finden.

Beginnen Sie mit eher oberflächlichen Gesprächsthemen!

Bei der Arbeit der *GetAwayDays* habe ich gemerkt, dass es sehr vielen Flüchtlingen ein großes Bedürfnis ist, über tiefe und sehr persönliche Themen wie Flucht und Familie zu reden – aber es braucht seine Zeit. Wenn die Zeit reif ist und die Beziehung gut genug ist, fangen viele automatisch an, darüber zu reden. Durch das offene Darüber-Reden verarbeitet der Einzelne wiederum auch sehr viel.

Grundlegend ist es einfach wichtig, nicht zu »bohren«, denn das kennen sie von den Behörden schon zur Genüge.

Laden Sie Flüchtlinge nach Hause ein!

Nach etlichen Berührungspunkten ist es auch eine schöne Sache, wenn Sie den Flüchtling teilhaben lassen an Ihrem Leben und Alltag.

Die Flüchtlinge, die ich kenne, sind sehr offen dafür und freuen sich über eine Einladung.

Beim gemeinsamen Kochen kann man sich besser kennenlernen (Muslime essen allerdings kein Schweinefleisch und trinken meistens keinen Alkohol), die Vokabeln lernen von den Dingen, die man kocht, und sich austauschen – mit Worten, oft aber auch mit Händen und Füßen. Vielleicht sind Sie unsicher dabei, weil Sie nicht wissen, worauf Sie sich da gerade einlassen – das ist verständlich. Ihrem Gegenüber geht es wahrscheinlich genauso.

Die Verabschiedung ist in den meisten Ländern nicht ganz so abrupt wie bei uns.

Ich werde nie die erste Gruppe minderjähriger Flüchtlinge bei den *GetAwayDays* vergessen …

Alles war fertig und abgeschlossen, wir hatten uns verabschiedet, sie waren bereit zum Abfahren, aber sie gingen einfach nicht.

Sie blieben und verabschiedeten sich noch einmal und dann noch einmal und dann noch einmal. Ich wusste zuerst überhaupt nicht, wie ich damit umgehen sollte. Am Anfang war es irgendwie witzig, aber nach einer kurzen Weile ging es mir auf die Nerven, und ich dachte nur: »Jetzt habt ihr euch doch schon sieben Mal verabschiedet – warum geht ihr jetzt nicht einfach?«

Heute weiß ich, so ist das einfach in ihrer Kultur, und sie müssen sich erst mal an unsere »Zack-Zack-Gesellschaft« gewöhnen.

Heute weiß ich auch, dass, wenn ich zum Beispiel um 16.00 Uhr gehen will, ich um 15.30 Uhr anfange, mich zu verabschieden, damit ich um 16.00 Uhr dann tatsächlich gehen kann.

Auch in Bezug auf praktische Hilfe gibt es unzählige Möglichkeiten, sich einzubringen.

Hier ist es auch sehr leicht, da aktiv zu werden, wo man die eigenen Stärken, Kompetenzen und Möglichkeiten sieht. Denn das sind Dinge, die Ihnen persönlich Sicherheit geben im Umgang mit »Fremden«. Informieren Sie sich darüber, was es schon an Angeboten gibt vor Ort, damit Gleichgesinnte zusammenarbeiten können, um Kräfte zu sparen.

Jeder Flüchtling benötigt praktische Hilfe im Erlernen der deutschen Sprache.

Die eigene Sprache ist der Schlüssel zum Herzen eines Volkes. Je früher ein Flüchtling die Möglichkeit hat, Deutsch zu lernen, desto besser für ihn, für Sie und für uns alle. Ein organisierter Deutschkurs vor Ort ist Gold wert!

Begleiten Sie einen Flüchtling bei Behördengängen!

Asylbewerber haben unzählige Amtsgänge vor sich. Obwohl ich der deutschen Sprache mächtig bin, überfordern mich solche Amtsgänge manchmal auch schon, weil alles in unseren Ländern extrem komplex ist. Jeder Flüchtling ist froh, wenn er jemanden hat, der ihn dabei am Anfang unterstützt, denn erstens sind sie der deutschen Sprache noch nicht so mächtig, außerdem sind viele Flüchtlinge auch Analphabeten oder kennen zum Beispiel »nur« die arabischen Schriftzeichen.

Helfen Sie mit Kleidung und anderen Gebrauchsgegenständen!

Die meisten Flüchtlinge kommen mit dem an, was sie auf der Haut tragen. Deswegen sind gut erhaltene Kleider immer gebraucht. Auch Kinderspielzeug und andere funktionierende Gebrauchsartikel werden oft gebraucht. Eine Flüchtlingsunterkunft soll aber auch nicht als »Abladeort vom eigenen Gerümpel« dienen. Alles, was gut erhalten und funktionsfähig ist, ist hilfreich.

Helfen Sie mit Ihrer Mobilität!

Was wären wir ohne Auto, Fahrrad oder die öffentlichen Verkehrsmittel? Die Anbindung an eine Infrastruktur ist eine große Bereicherung für jeden Asylbewerber. Sie können zum Beispiel Fahrdienste übernehmen, Fahrräder zur Verfügung stellen oder ihnen die öffentlichen Verkehrsmittel erklären. In vielen Orten gibt es Fahrradwerkstätten, die zusammen mit den Flüchtlingen organisiert werden.

Dienen Sie mit Sport- und Freizeitangeboten!

Verschiedenste Ausflüge in der Umgebung (Stadtbesichtigung, Wanderung, Fahrradtour etc. …) holen die Menschen mal raus aus dem monotonen Alltag des Asylbewerberheims. Die meisten – vor allem die jungen – Männer sind sehr sportlich und haben auch viel Energie. So haben zum Beispiel schon viele Fußballvereine davon profitiert, großen Fußballtalenten hier eine neue Heimat zu bieten.

Übernehmen Sie Patenschaften!

Eine ideale Ergänzung zu all den »Event-Angeboten« sind Patenschaften – die Beziehung zwischen einem »Einheimischen« und einem Flüchtling. Diese kann sehr individuell gestaltet sein, abhängig von Interessen, Begabungen und Möglichkeiten.

Allerdings kann sie den Menschen das geben, was bei allen anderen, vor allem größer organisierten Angeboten eher schwierig ist: persönliche Beziehungen.

Wenn jeder Flüchtling, der zu uns kommt, eine solche Person hätte, dann sollte eine schnelle und vor allem erfolgreiche Integration doch wirklich möglich sein. Jeder kann so eine Patenschaft eingehen.

Hierfür gibt es organisierte Netzwerke, die sehr hilfreich sind und durch Information und Erfahrungen auch helfen können, Probleme zu vermeiden, damit so eine Patenschaft für Sie zur Bereicherung wird und nicht zur Belastung. Hilfreiche Infos finden Sie unter: *www.connectingpeople.at*

Wir als Nation und Einzelbürger sollten alles dafür tun, damit Integration so gut wie möglich gelingen kann, um unserer selbst willen, aber auch um der Menschen, die zu uns kommen, willen.

Strukturen und Programme werden den Flüchtlingen helfen, einen »Lebensrhythmus« zu finden. Je schneller sie in das Leben, das wir hier leben, hineingenommen werden, desto besser. Dazu gehört natürlich auch die Arbeitswelt, denn wenn ein Mensch eine »sinnvolle Aufgabe« hat, bleibt weniger Zeit, sich mit Dingen zu beschäftigen, die der Gesellschaft schaden und Sie und mich noch mehr verunsichern. Wir haben innerhalb der *GetAwayDays* ein Programm, das zwar noch in den Kinderschuhen steckt, das aber viel Potenzial hat – wir vermitteln unbegleitete minderjährige Flüchtlinge, die wir persönlich kennen, an Firmen für Praktika innerhalb der Schule. Mittlerweile hat der Erste dadurch das Angebot für einen Ausbildungsplatz nach der Schule erhalten.

In allem Umgang, den ich in den letzten Jahren mit vielen Asylbewerbern hatte, habe ich festgestellt, dass es unter ihnen viele hochintelligente und vor allem sehr begabte Menschen gibt. Viele sind motiviert zu arbeiten – egal was. Vielleicht haben Sie auch die Möglichkeit, Einzelne in die Arbeitswelt hier zu integrieren (aufgrund unserer Gesetzgebung ist das teilweise immer noch ziemlich kompliziert. Es ist daher hilfreich, Juristen miteinzubeziehen, die sich in diesem Bereich auskennen).

Wir hier kennen nur das Schlagwort »Burn-out« – in Bezug auf die vielen Flüchtlinge ist wohl eher das Wort »Boreout« angebracht – das übrigens genauso real ist wie ein Burn-out und auch von den Auswirkungen wirklich verheerend ist.[17]

Je schneller sie in unsere Arbeitswelt integriert werden, desto besser.

Sie und ich können ein Tropfen sein, der dazu beiträgt, eine Flut entstehen zu lassen, die diese Zeit prägen wird.

Praktische Hilfe wie Deutschkurse, Freizeitangebote, Integration am Arbeitsmarkt und viele andere Dinge sind ein Teil dieser Flut.

Aber ohne persönliche Kontakte, Beziehungen und Freundschaften zu den vielen »neuen Bürgern« wird das Ganze im besten Fall zu einem kalten Integrationsprojekt.

Persönliche Beziehungen, die Sie und ich zu diesen Menschen haben, werden sie mehr prägen und integrieren als alles andere.

Jeder darf »Starthilfe« sein, Flüchtlingen zu helfen, sich in unserer Kultur zurechtzufinden und schnellstmöglich selbstständig zu werden.

JEDE MÜNZE HAT ZWEI SEITEN

Die letzten Seiten waren gefüllt mit Ideen und Hinweisen, wie wir diesen vielen Menschen begegnen können, und vielleicht stellen Sie sich jetzt ganz berechtigt die Frage:

Und was ist mit mir? Soll ich mich jetzt ständig irgendwie verbiegen?

Die Antwort heißt: Nein.

Denn jede Münze hat zwei Seiten.

Und gerade deswegen ist es auch absolut wichtig, zu verstehen:

Es kommt gerade sehr viel fremder und auch anderer Einfluss in unsere Heimatländer. Wenn wir es zulassen, dass diese Menschen einfach eine Parallelgesellschaft bilden, ihr Leben so leben wie im alten »Zuhause«, irgendwann noch ihre Familien nachholen und sich vermehren (und die machen das wesentlich effektiver als wir), dann wird es unser geliebtes Heimatland nicht mehr lange geben in der Form, in der wir es kennen.

Wir genießen das Vorrecht, in einer freien Demokratie leben zu dürfen – und das sollte auch so bleiben.

Es ist also eine Münze mit zwei Seiten, und darum muss man beide Seiten der Münze kennen und vor Augen haben:

Auf der einen Seite geht es darum,

- den Flüchtlingen rücksichtsvoll entgegenzugehen, Hilfe und Freundschaft anzubieten,
- ihre Andersartigkeit zu respektieren,
- ihnen auf Augenhöhe zu begegnen, um sie nicht in ihrer Ehre zu verletzen.

Auf der anderen Seite geht es darum,

- sie in unser Land und unsere Kultur und unsere Regierungsform zu integrieren (nicht wir verleugnen unsere Kultur, sondern wir helfen ihnen dabei, ihre Kultur in unserem Rahmen zu leben),
- ihnen zu vermitteln, was für ein Vorrecht es ist, hier leben zu dürfen und ihnen dabei die Verantwortungen und Pflichten nicht vorzuenthalten,
- ihnen immer wieder neu dabei zu helfen, zu verstehen, wofür unsere Länder stehen und worauf sie aufgebaut sind.

In unserer Zeit heute wird sehr viel über Toleranz gesprochen. Aber Toleranz darf nicht zur Diktatur des Relativismus werden. Toleranz ist eine Grundlage des Zusammenlebens hier in unseren Ländern. Würde sie fehlen, dann ginge es bei uns hier genauso zu wie in den vielen Ländern, aus denen Millionen zu uns fliehen.

Wirklich tolerant sein kann nur ein Mensch, der selbst einen festen Standpunkt vertritt.

Wenn ein Mensch von Toleranz redet, während er selbst keinen festen Standpunkt und keine festen Überzeugungen hat, dann ist er nicht tolerant, sondern richtungslos.

Selbst einen festen Standpunkt zu haben und darin andere Menschen nicht zu diskriminieren, sondern zu tolerieren, wobei man seinen eigenen Standpunkt aber nicht aufgibt, sondern aktiv vertritt, das ist es, was wir jetzt brauchen – mehr denn je.

Um dem ganzen Gerede mal etwas mehr Alltagsrealität zu geben, nehme ich ein Beispiel aus dem Sport. Jede Fußballmannschaft, die sich auf einem etwas höheren Niveau befindet, spielt nach klaren Regeln. Da haben wir nun elf Spieler und eine Vielzahl von Ersatzspielern, die alle nach denselben Regeln Fußball spielen. Obwohl die einzelnen Fußballer alle unterschiedlich sind und auch innerhalb des Teams unterschiedliche Rollen und Funktionen haben, klappt das Ganze doch recht gut, denn schließlich spielen sie alle nach denselben Regeln.

Aber stellen Sie sich vor, da kommen jetzt zwei Handballspieler auf diese Mannschaft zu. Beide Spieler waren in ihrem Sport – auch einem Ballsport – sehr erfolgreich und kompetent. Diese zwei Spieler verließen ihre Handballmannschaft, weil sie dort nicht ernst genommen, sondern diskriminiert wurden. Sie hatten gehört, dass in der Fußballmannschaft jegliche Art von Diskriminierung absolut untersagt ist und im Falle eines Verstoßes mit Ausschluss aus der Mannschaft bestraft wird. Deswegen kamen sie nach vielen Höhen und Tiefen zu dem Entschluss: »Dann lassen wir halt unsere Mannschaft hinter uns und gehen zu einer Fußballmannschaft.«

Was bedeutet es nun in Bezug auf die Fußballmannschaft, tolerant zu sein gegenüber den Handballern, die zwar auch Ballsportler sind, aber deren Ballsport doch ganz anders ist als der eigene?

Ein falsches Verständnis von Toleranz ist nun:

Zu erwarten, dass die Fußballmannschaft sich nun einfach den Handballern anpasst.

Zu erwarten, dass die Fußballer die eigenen Regeln verleugnen, um den Handballern nicht auf die Zehen zu steigen.

Zu erwarten, dass die Fußballmannschaft Kompromisse eingeht in Bezug auf die Regeln des Fußballs.

Toleranz bedeutet:

Dass die Fußballmannschaft zwei Ballsportler mitspielen lässt, die aus einer ganz anderen Mannschaft und Ballsportart kommen.

Dass die Fußballmannschaft ihnen dabei hilft, in ihr Spiel hineinzufinden.

Dass die Fußballmannschaft die Stärken und Kompetenzen der zwei Handballer erkennt und sie ihnen den Freiraum gewährt, sich innerhalb ihrer Mannschaft und den Regeln des Fußballs zu entfalten.

Und während das im Sport für jeden völlig nachvollziehbar und logisch erscheint, machen wir es in Bezug auf die ganze Flüchtlingsthematik so kompliziert.

Eine Fußballmannschaft, die zwei Handballspieler aufnimmt in die eigenen Reihen – und diese nicht nur auf der Ersatzbank verkümmern lässt, sondern sie bewusst ins Spiel mit einbezieht, wird Veränderungen nicht aus dem Weg gehen können.

Es wird nicht mehr dasselbe Spiel sein wie mit dem »alten« Team.

Obwohl die Regeln dieselben bleiben, wird der Rest nicht gleich bleiben können.

Die Art und Weise des Miteinanders wird sich verändern, denn die Handballer bringen andere Gewohnheiten und ein anderes Spielverständnis mit sich.

Das Team bekommt eine andere Dynamik, vielleicht kommt ganz neuer Schwung in ein zwar routiniertes, aber doch auch sehr statisches Team.

Vielleicht muss mit einer ganz anderen Strategie gespielt werden, um wettbewerbsfähig zu bleiben.

Ganz sicher wird das auch nicht alles ganz einfach und reibungslos ablaufen. Jeder der Spieler – sowohl die Fußballer als auch die Handballer – wären dabei ziemlich herausgefordert. Aber trotz Schwierigkeiten und Herausforderungen auf beiden Seiten ist es möglich, solange nach klaren Regeln gespielt wird.

Unsere »Regeln« sind unser Grundgesetz, auf denen unsere freie Demokratie steht.

Durch die vielen Flüchtlinge und Asylbewerber in unseren Ländern und der damit verbundenen Notwendigkeit von Integration in dem Ausmaß, wie es momentan der Fall ist und auch in Zukunft der Fall sein wird, entsteht etwas Neues.

Ganz sicher – da braucht man kein Experte zu sein.

Die Frage ist nur: Wie gehen wir damit um?

Weder das eine Extrem: »Nein, wir wollen keine Handballer in unserer Mannschaft« noch das andere Extrem: »Okay, dann geben wir halt die klar formulierten Regeln des Fußballs auf, um ›tolerant‹ zu sein« wird uns hier weiterbringen.

Weder nur das eine Extrem noch das andere Extrem werden hier zu einer Lösung führen. Eine Münze mit einseitiger Prägung ist wertlos und nutzlos – beide Seiten geben einer Münze ihren Wert.

Die Balance zwischen diesen zwei Seiten – das ist die Herausforderung, vor der wir alle stehen.

Die Freiheit unserer Regierungsform lässt mir vier Optionen in Bezug auf die persönliche Einstellung und Umsetzung meiner Einstellung:

Ich habe die Freiheit, dagegen zu sein.

Ich habe die Freiheit, Pessimismus zu verbreiten und auf diese Welle der Antihaltung aufzuspringen: »Ich bin Fußballer, ich will keine Handballer!« Allerdings habe ich dann immer noch das »Problem«, dass unzählige Handballer direkt vor meiner Haustür leben und Teil meiner Mannschaft werden wollen. Und diese Menschen werde ich auch nicht mehr so einfach loswerden.

Ich habe die Freiheit, eine falsche Toleranz zu leben.

Ich habe die Freiheit, zu denken, dass es ja anmaßend ist, zu behaupten, bei uns wäre es besser als anderswo. Christliche oder muslimische Werte, Buddhismus etc. seien sowieso alles dasselbe. Ob ich nun in einer freien Demokratie lebe oder in einer islamischen Republik, was soll's – das wird schon werden. Jeder soll sein Ding leben. Die Sache ist nur, dass Fußballer und Handballer sehr unterschiedlich sind, obwohl sie beide Ballsportler sind. Und das wird sich auch im Alltag sehr schnell herauskristallisieren.

Ich habe die Freiheit, so zu tun, als ginge mich das alles nichts an.

Einfach so weiterleben, wie immer, als ob mich das alles persönlich überhaupt nicht betreffe: »Ich bin halt Fußballer und alles andere ist mir egal.«

Und wenn alles »gut« geht, dann schaffe ich es vielleicht bis an mein Lebensende, dieser ganzen Thematik mit völliger Gleichgültigkeit gegenüberzustehen. Allerdings wird spätestens die nächste Generation die Augen nicht mehr verschließen können, denn da leben dann zu viele Handballer in unseren Ländern, aber das ist mir ja dann auch egal.

Ich habe die Freiheit, mich einzubringen.

Trotz eigener Unsicherheit und vielleicht fehlender ehrlicher Information. Trotz überforderter Politik und trotz aller anderen Menschen um mich herum, die dagegen sind, die das Wort Toleranz missbrauchen oder trotz der Menschen, die gleichgültig sein wollen. Ich bringe mich ein, weil Handballer genauso Ballsportler sind wie ich. Weil diese Menschen genauso Mensch sind wie ich.

Jede dieser Haltungen kann ich nachvollziehen – allerdings hat nur die letzte die Kraft, aus der ganzen Situation etwas Positives zu machen.

Etwas Neues, das ich mir im Moment noch nicht wirklich vorstellen kann …

Aber etwas Neues, in dem mein Beitrag absolut notwendig ist.

Sie können ein Tropfen sein, unter den vielen Tropfen, die zu einer Flutwelle werden, die etwas bewegt.

GETAWAYDAYS

»Es ist nicht wichtig, wie groß der erste Schritt ist, sondern in welche Richtung er geht.«

Unser Anliegen ist es, Jugendlichen und jungen Erwachsenen die Möglichkeit zu bieten, mal aus ihrem alltäglichen Umfeld auszusteigen, um etwas komplett anderes zu erleben.

Es geht auf der einen Seite darum, Schritte zu wagen außerhalb der eigenen »Komfortzone« oder dem monotonen Alltag, um Perspektiven für die Zukunft zu entdecken.

Bei den *GetAwayDays* werden oftmals unbewusst Erlebnisse aus der Vergangenheit in kompetenter Betreuung aufgearbeitet, was dem Einzelnen ermöglicht, die Zukunft mit gesundem Selbstbewusstsein zu gestalten.

Wir arbeiten mit minderjährigen unbegleiteten und jungen Erwachsenen Flüchtlingen und anderen jungen Menschen aus sozialen Brennpunkten und schwierigen Lebensumständen.

Wir ermöglichen Chancen

Chancen braucht jeder Mensch, um sein Potenzial zu erkennen und zu entfalten. Manchmal wird eine zweite oder sogar dritte Chance benötigt. Viele hatten noch nie eine Chance.

Wir arbeiten ganzheitlich

Ganzheitlichkeit ist unser wichtigstes Element, um Menschen tiefer zu berühren. Die dadurch gewonnene Erkenntnis findet im persönlichen Alltag Ausdruck. Das Resultat ist eine gesellschaftsbereichernde Lebensgestaltung.

Wir gestalten Zukunft

Zukunft und realistische Perspektiven ermöglichen wir durch vielseitige Unterstützung. Ein erweitertes soziales Netzwerk bietet hierbei vielfache Möglichkeiten. So wird Nachhaltigkeit gewährleistet.

Die *GetAwayDays* begannen 2012 in Österreich mit einem Camp für eine Kleingruppe.

2013 wurden es schon zwei Gruppen – darunter die erste Flüchtlingseinrichtung.

Aufgrund der Nachfrage wurden 2014 schon fünf Wochen Programm angeboten.

2015 wurde das Programmangebot erweitert und neun Wochen durchgeführt. Davon wurden sieben Wochen von Flüchtlingseinrichtungen gebucht.

2016 wird das Programm weiter ausgebaut und wir bieten 20 Wochen Programm an.

Die drei verschiedenen Angebote

»ADVENTURE«
Leben auf einer einfachen Almhütte kombiniert mit *alpinen Herausforderungen* wie Klettern, Canyoning, Höhlenerkundungen und Gipfelbesteigungen …

»WHITE«

Leben auf einem Bergbauernhof kombiniert mit *Fun-geladenen Schneeerlebnissen* wie Ski fahren, Iglu bauen, Schneeschuhwandern …

»EXPERIENCE«
Leben auf einem Bergbauernhof und eine *Kombination von Aktivitäten und kreativem, schöpferischem Tun,* wie zum Beispiel Holzverarbeitung, naturverbundene Land- und Forstwirtschaft, Metallverarbeitung, Töpfern, Slow Food …

Eine coole Woche ist zwar ein Anfang … aber was kommt danach?

»TOGETHER«

Da Prägung immer durch Beziehung geschieht. Patenschaften zwischen »Einheimischen« und Teilnehmern der *GetAwayDays* werden vermittelt und können ganz individuell gestaltet werden. Durch das »Teilhabenlassen am Leben« geschieht vor allem die Integration von Flüchtlingen wesentlich effektiver und natürlicher.

Die ersten Patenschaften entstehen

»NETWORK«

Wir ermutigen Firmen dazu, heute schon in ihre Mitarbeiter von morgen zu investieren, indem sie jungen Menschen die Teilnahme an unseren Camps sponsern.

Wir vermitteln ihnen dann Teilnehmer, die wir persönlich kennen, weiter, damit sie auf dem Arbeitsmarkt integriert werden können. Beide Seiten profitieren davon.

Dem ersten vermittelten Praktikanten, wird von der Spedition Ihro eine Lehrstelle als Kfz-Mechatroniker ermöglicht.

Ausblick

Es gibt viel zu tun – deswegen bauen wir die bestehende Arbeit in Österreich weiter aus.

Weil viele der Teilnehmer aufgrund von Auflagen das Bundesland/Land nicht verlassen dürfen, starten die *GetAwayDays* im Sommer 2016 mit ähnlichen Camps in Deutschland.

Finanzierung

Die *GetAwayDays* werden komplett durch Spenden und Sponsoren finanziert. Jeder kann sich hier einbringen und beteiligen, um die Arbeit weiter auszubauen. Alle Spenden sind steuerlich absetzbar.

Mehr Information unter:
info@getawaydays.org

Fragen in Bezug auf Spenden und Sponsoring:
finanzen@getawaydays.org

Fragen in Bezug auf Patenschaften:
together@getawaydays.org

Homepage:
www.getawaydays.org

Like us on Facebook:
Facebook.com/GetAwayDays

Österreich:
Die *GetAwayDays* sind ein Projekt von *Hilfe die ankommt.* Dieser mildtätige Verein ist ein sozial-diakonisches Werk und unterstützt lokale Christen dabei, Menschen in Not durch aktive Nächstenliebe zu begegnen.
Bank Austria
IBAN: AT66 1200 0516 0720 0373
BIC: BKAUATWW
Verwendungszweck: *GetAwayDays* & Adresse für Spendenbescheinigung angeben

Deutschland:
GetAwayDays e. V.
Sparkasse Hohenlohekreis
IBAN: DE34 6225 1550 0220 0300 56
BIC: SOLADES1KUN
Adresse für Spendenbescheinigung angeben

WARUM TUE ICH, WAS ICH TUE

»Hauptsache weg« – das ist für mich im Leben prinzipiell keine Option. Aber dieses eine Mal, als ich vor meinen Umständen zu Hause geflüchtet bin, da hat mir Österreich »Asyl gewährt«.

Dieses Eine-Mal-Weglaufen hat mich an den Ort geführt, an dem sich alles in meinem Leben verändert hat. Seit dieser Zeit habe ich eine Lebensqualität und eine Zukunft, die ich um keinen Preis der Welt wieder aufgeben werde und die mir auch niemand mehr nehmen kann.

Diese Erfahrung und deren Auswirkungen sind meine Motivation, heute das zu tun, was ich tue. Es ist eine Motivation, die viel größer ist als Macht oder Geld. Es ist auch keine natürliche Motivation, denn deren Ressourcen wären irgendwann erschöpft. Meine Motivation kommt aus einer übernatürlichen Quelle: Jesus.

Jetzt denken Sie vielleicht: »Hilfe, schon wieder ein religiöser Fanatiker.«

Ich bin nicht religiös und ich will es auch niemals werden.

Religion ist tot. Religion ist nicht dynamisch und befreiend, sondern versklavt und macht Menschen irre. In der Religion geht es letztendlich immer um mich selbst, wer ich bin, was ich kann, dass ich besser bin als andere, dass ich hoffentlich gut genug bin, um das Ziel der jeweiligen Religion zu erreichen. Religion macht selbstgerecht und arrogant.

Darauf kann ich verzichten! Denn ich weiß eins, wenn ich mich nur um mich selbst drehen würde, dann wäre das eine Katastrophe für mich selbst und für jeden meiner Mitmenschen.

Dieses Leben habe ich beinahe 20 Jahre lang gelebt, und es hat viel zerstört – in mir und in den Menschen, die mit mir zu tun hatten.

Aber im Mai 1999 hatte ich eine persönliche Begegnung mit Jesus. Diesen Tag werde ich nie vergessen, weil mir der lebendige

Gott einen Spiegel vor Augen gehalten hat und mir bewusst gemacht hat, wer ich bin und wer er für mich sein kann und will.

An diesem Morgen habe ich angefangen zu verstehen:

Ich bin nicht perfekt, und ich muss auch nicht so tun, als ob ich es wäre – denn es gibt jemanden, der für mein Versagen am Kreuz gestorben ist. Dieser Jemand bietet mir seine Vergebung an und will mir die Freiheit schenken, anderen zu vergeben und andere um Vergebung zu bitten, wenn ich versagt habe.

Ich muss nicht versuchen, aus eigener Kraft ein besserer moralischer Mensch zu werden, denn spätestens im Umgang mit meinen Mitmenschen, die mir richtig auf den Wecker gehen, merke ich immer wieder: Ich werde nicht besser. Aber es gibt jemand, der ist auferstanden von den Toten, um mit seiner Kraft in meinem Leben das zu bewirken, was ich selbst nicht schaffe. Mittlerweile habe ich die Freiheit, ihm gegenüber zuzugeben: »Ich kann es nicht, aber ich vertraue darauf, dass du es kannst. Jetzt zeig mir, dass du lebst.« In vielen Bereichen, aber vor allem in der Arbeit der *GetAwayDays*, fasziniert es mich, wie real und verlässlich er ist.

Ich habe angefangen, zu verstehen, dass es Gott nicht darum geht, dass ich gewisse religiöse Pflichten erfülle und andere Dinge lasse, sondern dass es ihm um eine Liebesbeziehung zu mir, seinem geliebten und wertvollen Geschöpf, geht. Eine wunderbare Beziehung, die durch Jesus und das Vertrauen auf Ihn möglich wird.

Es ist schön, immer mehr zu erkennen, dass er mich bedingungslos liebt, weil er die Liebe ist. Egal, ob ich glänze oder versage, »richtig« lebe oder wieder mal auf die Schnauze falle: Er liebt mich. Und das ist nicht nur frommes Gefasel, sondern er hat es mir bewiesen, indem er sein Leben gab, damit ich leben kann – hier und jetzt und bis in alle Ewigkeit.

Diese tiefe innere Gewissheit, dieser innere Frieden, der mein Verständnis übersteigt, und diese lebensverändernde und motivierende Kraft, die mein Leben von innen nach außen verändert – das alles erfahre ich in meinem Leben. In allen Höhen und Tiefen, die der Alltag mit sich bringt, manchmal mehr und manchmal weniger, aber beinahe immer stark genug, dass ich weiß, dass Jesus Realität ist.

Vielleicht verstehen Sie jetzt kein Wort oder aber Sie meinen, mich zu verstehen, und denken sich nur: »Völlig irre der Kerl.«

Ich kann das da nur zu gut nachvollziehen. Jeder, der mir in den ersten 20 Jahren meines Lebens etwas in der Richtung erzählt hat, den habe ich auch nicht verstanden oder ich habe mich über ihn lustig gemacht. Teilweise ging es mir auch voll auf die Nerven.

Aber geben Sie mir die Chance, mal ganz praktisch zu beschreiben, wer Jesus für mich ist:

Waren Sie schon mal Canyoning?

Das ist eine der Aktivitäten, die wir schon mit vielen jungen Menschen unternommen haben.

Viele dieser meistens jungen Menschen, die wir in unseren Programmen haben, wissen immer alles besser. Grundsätzlich machen sie die Dinge erst mal so, wie sie selbst es für richtig oder gut erachten. Es sind wertvolle junge Menschen, deren Vertrauen aber schon so oft enttäuscht oder missbraucht wurde, dass sie sich entweder extrem schwer damit tun, zu vertrauen, oder aber sie vertrauen überhaupt niemandem mehr.

Nun, wir gehen Canyoning mit diesen Leuten.

Das bedeutet, sie bekommen von uns Ausrüstung für die Aktivität: Neoprenanzug, Neoprensocken und Handschuhe, einen Helm etc. …

Und dann geht's los!

Ein Canyon ist eine Schlucht, in die wir mit ihnen hineingehen. Tief unten in der Schlucht fließt ein Bach, der oft durch einen Stausee davor reguliert wird.

Unten angekommen, ist man oft überwältigt von der atemberaubenden Schönheit, wenn sich zum Beispiel das Sonnenlicht in den herunterperlenden Wassertropfen widerspiegelt. Gleichzeitig ist man überrascht oder sogar schockiert von der Wassertemperatur und den massiven, teilweise sehr hohen Felswänden links und rechts von sich.

Manchmal »geht« man einfach durch das Wasser.

Oft muss man auch schwimmen. Das ist immer sehr herausfordernd für alle Beteiligten, weil wir immer wieder Flüchtlinge dabei haben, die nicht schwimmen können.

Ab und zu muss man auch Klippen hinunterspringen, um weiterzukommen. Da fangen wir ganz klein und zahm an und üben uns dann weiter bis hin an den Punkt, an dem wirklich jeder auch mal richtig herausgefordert ist.

Bevor wir loslegen, gebe ich als Canyonguide eine Einführung und weise auf Gefahren hin.

Da das Wasser manchmal trüb ist und man den Boden und was sich unter der Wasseroberfläche befindet, nicht sieht, darf nur dort gesprungen werden, wo der Guide es erlaubt.

Oft ist es sehr rutschig und moosig. Deswegen sollte man an manchen Stellen nur dort gehen, wo der Guide auch geht.

Bei den Sprüngen muss aktiv abgesprungen werden, denn ohne Körperspannung ins Wasser zu kommen, kann fatale Konsequenzen haben, vor allem wenn die Sprünge höher werden.

Bei diesen Erklärungen fasziniert mich eines immer wieder neu: Wenn ein Mensch so seine Komfortzone verlässt und sich auf etwas Unbekanntes einlässt, hört er wirklich aufmerksam zu.

Und auch wenn die meisten immer sagen, dass sie alles verstehen, obwohl es offensichtlich ist, dass sie vieles nicht verstehen – beim Canyoning fragen sie sogar nach.

Sie sind also gerne bereit dazu, Anweisungen nicht nur anzunehmen, sondern sogar umzusetzen.

Während der Tour oder am Ende des Canyons machen wir immer eine kurze Pause. Da gibt es mal einen Schokoriegel und heißen Tee für die, die etwas frieren.

Diese kurze Unterbrechung nutzen wir oft, um das Erlebte zu reflektieren.

Dabei stelle ich den Teilnehmern immer die Frage:

»Wer von euch wäre jetzt ohne einen ›Canyonguide‹ durch diese Schlucht gegangen – einfach auf gut Glück?«

Meistens ist keiner dabei!

Die nächste Frage für die Teilnehmer lautet dann oftmals: »Warum nicht – sonst seid ihr doch auch nicht so schüchtern, zurückhaltend und vorsichtig?«

Sie antworten dann immer wieder mit den Worten: »Ja du kennst ja die Schlucht, du weißt ja, wo es gut geht und wo nicht. Du weißt, wo unser Leben in Gefahr ist und wo wir sicher sind – es wäre dumm, ohne erfahrenen Guide durch den Canyon zu gehen.«

Ich fordere sie dann oft heraus – vor allem, wenn sehr herausfordernde Teilnehmer mit dabei sind: »Ja, aber ich könnte euch ja auch auf einen spitzen Stein springen lassen – vor allem die, die gestern so nervig waren.«

Nach einem kurzen, etwas verunsicherten Nachdenken kommt dann aber sofort die Antwort: »Das würdest du nie tun! Erstens willst du nicht, dass wir uns verletzen, denn du willst ja unser Bestes. Zweitens könnten wir dich ja verklagen, falls du uns doch falsch leiten würdest. Und drittens müsstest du uns als Verletzte aus der Schlucht tragen oder zumindest eine Bergung organisieren, und das wäre ja auch kein Fun für dich.«

Super Antwort – die kommt eigentlich immer.

Aber sie haben vollkommen recht. Es wäre völliger Schwachsinn, alleine durch so einen Canyon zu gehen, den man nicht kennt. Es ist absolut logisch, dass man mit jemandem durchgeht, dem das Wohl der Gruppe am Herzen liegt und der vor allem den Canyon kennt und weiß, wo man springen kann und wo nicht, wo es sicher und sinnvoll ist und wo eben nicht!

Zum Abschluss der Reflexion stelle ich dann oft die Fragen:

»Für wen war jetzt der Canyonguide eine nervige Einschränkung?«

»Hat euch der Canyonguide eurer Freiheit beraubt?«

»Hat er euer Vertrauen missbraucht?«

In all den Jahren hatte ich noch nie einen dabei, der ein Problem mit dem Guide hatte.

Die meisten sagen sogar, dass es erst durch den Guide richtig Spaß macht. Denn da er den Canyon kennt, kann jeder Teilnehmer das Potenzial des Canyons voll ausnutzen.

Jesus ist für mich wie ein Canyonguide! In der Bibel wird Jesus mal mit dem Namen »wunderbarer Ratgeber« beschrieben. Das trifft den Nagel auf den Kopf: »Guide fürs Leben«.

Was mir am Canyoning so gefällt, ist, dass es sehr viele Parallelen zum Leben gibt.

Wenn man drin ist, ist man drin – und dann muss man durch bis ans Ende.

Vor allem beim Einstieg schwitzt man noch, aber manchen klappern auch die Zähne vor Kälte nach langen Schwimmstrecken – wie im Alltag, mal schwitzt man, mal friert man.

Oft gelingt einem ein Sprung gut, man ist begeistert und stolz, dann vergeigt man mal wieder einen. Erfolg und Versagen liegen im Leben oft eng beieinander.

Ab und zu ist man mutig und springt, ohne darüber nachzudenken, aber oft steht man auch vor dem Sprung und traut sich nicht und fragt sich, wie man das wohl »überleben« soll.

Manchmal schafft man die Dinge alleine, manchmal braucht man Zuspruch und Hilfestellung, indem man abgeseilt wird.

Immer wieder kann man sehen, ob das Wasser tief genug ist, in das man hineinspringt, aber sehr oft muss man sich einfach auf das Wort des Canyonguides verlassen.

Manchmal erscheint der Rat des Canyonguides engstirnig und verrückt, aber im Nachhinein denkt man, dass es doch ein guter Rat war.

Während die meisten Menschen nie ohne Canyonguide durch einen Canyon gehen würden, habe ich jedoch versucht, 20 Jahre allein mein Leben zu meistern und zu bewältigen, das ja viel komplexer ist als so ein Canyon.

Aber je mehr ich Jesus meinen Guide fürs Leben sein lasse, desto mehr fasziniert er mich.

Er hat das Leben erschaffen und weiß, wie es funktioniert. Deswegen bietet Er mir an, mich durchs Leben zu führen.

Jesus hat alles unter Kontrolle und kennt jede Tücke, jede Höhe und jede Tiefe des Lebens. Er will und wird mich bis ans Ziel bringen – die Ewigkeit mit ihm.

Er ist der Einzige, der mir niemals einen falschen Rat geben wird, um seinen eigenen Vorteil herauszuschlagen. Außerdem steht er neben mir, wenn ich Angst habe, um mir Mut zuzusprechen.

Manchmal springt er voraus, um unten auf mich zu warten.

Während der ganzen Tour – mein ganzes Leben lang wirbt dieser »Guide fürs Leben« um mein Vertrauen, aber er wird mich niemals dazu zwingen, weil er mich liebt und mir die Freiheit schenkt, eigene Entscheidungen zu treffen.

Es kommt vor, dass er mir in seiner unendlich großen Liebe einen Schubser gibt, weil er weiß, dass ich sonst nicht weitergehen würde.

Immer wieder versaue ich einen Sprung im Leben. Dann sagt mein wunderbarer Ratgeber zu mir: »Vertrau auf mich, sei mutig und stark und geh vorwärts!«

Je mehr ich meinen »Guide fürs Leben« kennenlerne, je mehr Erfahrungen ich mit ihm mache und je mehr ich ihm die Führung über mein kleines Leben überlasse, desto mehr liebe ich es, mit ihm durchs Leben zu gehen.

Es ist kein Muss, es ist keine religiöse Pflichterfüllung und nichts Übergestülptes. Ich lebe mit Jesus, weil ich bei ihm und in ihm etwas gefunden habe, nach dem ich mich immer gesehnt habe: bedingungslose und grenzenlose Liebe. Die Vergebung meiner Schuld, und das, obwohl ich immer wieder versage. Erfülltes Leben trotz manch unerfülltem Wunsch. Eine Hoffnung, die niemals stirbt und über dieses Leben hinausgeht in all den Unsicherheiten und Herausforderungen hier auf dieser Welt.

Jesus ist meine Motivation, warum ich mit Flüchtlingen arbeite, Freundschaften habe und mich für sie einsetze, denn er sagt:

»Alles nun, was ihr wollt, dass euch die Menschen tun sollen, das tut ihr ihnen auch« (Matthäus 7,12; Elberfelder).

Mit Gottes Hilfe werde ich jedem Menschen so begegnen, wie ich es mir für mich selbst wünsche. Mir ist völlig bewusst, dass ich darin immer wieder versagen werde, aber deswegen habe ich Jesus.

Mir ist auch völlig bewusst, dass es dabei Menschen geben wird, die das schamlos ausnutzen werden. Ich will ihnen trotzdem mit Liebe begegnen.

Vielleicht stehe ich als Christ sogar in der Gefahr, Opfer einer extremen Person zu werden. Ich werde ihm hoffentlich trotzdem mit christlicher Nächstenliebe begegnen.

Gott sei Dank, darf ich in einem Land leben, dessen Grundgesetze auf biblischen Prinzipien aufgebaut sind. Prinzipien, die Freiheit, Gerechtigkeit, Leben und Demokratie ermöglichen – was auch immer es kosten wird, dafür werde ich aufstehen.

Ich werde immer von dem reden, der mein Herz überfließen lässt: Jesus.

Ich werde ihn niemandem aufzwingen, denn Jesus ist viel zu genial, als dass man ihn irgendjemandem aufzwingen könnte. Allerdings ist es mein Herzenswunsch, dass jeder Mensch diesem Jesus persönlich begegnen kann.

Meine letzten Jahre waren teilweise geprägt von großen Verlusten, extremen Herausforderungen und tiefen Enttäuschungen. Viele Dinge habe ich nicht verstanden und verstehe sie bis heute nicht – in alldem ist Er zur Liebe meines Lebens geworden.

Auf der anderen Seite gab es unbeschreiblich viel Schönes: Gesundheit, viel Gelingen und große Wunder. Meine Frau und ich sind beinahe immer glücklich verheiratet und sind stolze Eltern von fünf erwünschten Kindern – in alldem weiß ich, wohin ich mich wenden darf mit meiner Freude und meinem Dank – an Ihn, den Guide meines Lebens.

Gott hat mich reich beschenkt, mit mehr, als ich mir jemals erträumen konnte, und dafür bin ich sehr dankbar.

Ein befreundeter Theologe hat es mal so auf den Punkt gebracht: *»Gott nimmt mir nicht weg, woran ich hänge, sondern er erweist sich mir selbst als das, was ich so lange vermisst habe.«* (H. J. Eckstein)

Ich wünsche Ihnen Gottes Segen und dass Sie das auch im persönlichen Leben erfahren dürfen.

WAS PASSIERT MIT DEM ERLÖS DES BUCHS …

Das Buch habe ich nicht geschrieben, um viel Geld zu verdienen, denn sonst hätte ich gewisse Dinge weglassen und andere ergänzen müssen.

Aber das, was dieses Buch an Honorar reinbringt, wird dazu benutzt, Menschen zu helfen.

Deswegen geht aller Gewinn an folgende Organisationen/Einrichtungen:

50 % gehen an die *GetAwayDays*,
um jungen Menschen in herausfordernden Lebenssituationen unsere Camps zu ermöglichen und um sie auch in Zukunft nachhaltig begleiten zu können.

25 % gehen an eine Flüchtlingseinrichtung in Deutschland,
mit der wir als *GetAwayDays* auch engen Kontakt haben und zusammenarbeiten.

25 % gehen an eine Flüchtlingseinrichtung in Österreich,
mit der wir als *GetAwayDays* auch engen Kontakt haben und zusammenarbeiten.

Bücher können direkt bestellt werden unter:
shop@getawaydays.org

FREMDWORTERKLÄRUNG

Al-Qaida:

Der Name al-Qaida (deutsch »die Basis«) wurde erstmals gegen Ende des Afghanistankrieges 1988 verwendet. Ein prominenter saudi-arabischer Freiwilliger namens Osama Bin Laden (1957–2011) plante damals, diejenigen arabischen jungen Männer, die am Kampf gegen die Sowjetunion teilgenommen hatten, in einer neuen Organisation dieses Namens aufzufangen. Bin Laden hoffte so, den »Heiligen Krieg« (Jihad) gegebenenfalls in anderen Ländern fortsetzen zu können.

http://www.bpb.de/politik/extremismus/islamismus/36374/al-qaida?p=all (27.11.15)

Arabischer Frühling:

Arabische Protestbewegung (Arabellion) in den Staaten Nordafrikas und des Nahen Ostens gegen Unterdrückung und soziale Ungerechtigkeit.

http://www.bpb.de/izpb/156619/die-arabischen-protestbewegungen-von-2011?p=all (27.11.15)

Burka:

Die Burka ist ein Kleidungsstück, das der vollständigen Verschleierung des Körpers dient. Die Burka wird von vielen muslimischen Frauen in Afghanistan und einem Teil der Frauen in Pakistan und anderen muslimischen Ländern getragen.

http://de.wikipedia.org/wiki/Burka (02.12.15)

Halal:

Arabische Herkunft: »nach islamischem Glauben erlaubt«

www.duden.de (27.11.15)

Hazara:

Drittgrößte afghanische Ethnie, ist von mongolischer Abstammung; die Taliban, die ja sunnitisch-islamistisch sind, hassen und verfolgen die Hazara schon deshalb, weil diese mehrheitlich Schiiten sind).

http://www.zeit.de/politik/ausland/2013-12/fs-daikundi-hazara-hochland-berge-afghanistan--2 (27.11.15)

IS (bzw. ISIS):

Die Terrormiliz Islamischer Staat (IS) nannte sich früher Isis (»Islamischer Staat im Irak und Syrien«) und wird im Arabischen und Französischen mit Daesh bezeichnet. Ziel der sunnitischen Kämpfer ist die Errichtung eines Kalifats oder Gottesstaates. Ursprünglich sollte dies(er) vom Irak bis zum Mittelmeer reichen, mittlerweile strebt die Organisation ganz offen die Weltherrschaft an. Relativ neu ist, dass der IS auch Anschläge auf »ausländische« Ziele wie in Paris verübt. Der selbst ernannte »Kalif Ibrahim«, besser bekannt als Abu Bakr al Baghdadi, gebietet je nach Quelle bis zu 50 000 Kämpfern – darunter schätzungsweise 700 Deutschen.

http://www.stern.de/politik/ausland/islamischer-staat--wer-ist-der-is-und-was-will-die-terrormiliz--3633714.html (27.11.15)

Islam:

Herkunft arabisch und bedeutet: völlige Hingabe an Allah

www.duden.de (27.11.15)

Kafir:

Jemand, der nicht dem islamischen Glauben angehört

www.duden.de (27.11.15)

Ramadan:

Fastenmonat der Muslime

www.duden.de (27.11.15)

Sunniten und Schiiten:

Die muslimische Gesellschaft spaltete sich im Streit über die Nachfolge des Propheten Mohammed im siebten Jahrhundert. Die Mehrheit der Muslime wollte damals einen geeigneten Kandidaten frei bestimmen. Die Minderheit verlangte, dass der Nachfolger aus Mohammeds Familie stammen müsse, und legte sich auf seinen Vetter Ali fest. Die Anhänger dieser Minderheit wurden »Schiat Ali«, Partei Alis, genannt, woraus sich die Bezeichnung Schiiten entwickelte. Der Begriff Sunniten leitet sich von der Sunna ab, den Überlieferungen des Propheten. Die Sunniten lehnen die Heiligenverehrung und den Märtyrerkult der Schiiten strikt ab. Die Schiiten wiederum fühlen sich oft als Opfer der Sunniten.

Auseinandersetzungen zwischen Anhängern der beiden Konfessionen gibt es nicht nur im Nahen Osten, sondern auch in Ländern wie Pakistan.

http://www.welt.de/politik/ausland/article145657154/Warum-Sunniten-und-Schiiten-sich-so-hassen.html (27.11.15)

Sunnitische Paschtunen:

Von den geschätzten 30 Millionen Einwohnern Afghanistans gehören ca. 40–50 % der paschtunischen Volksgruppe an. Das Volk der Paschtunen lebt in Südasien (vor allem in Pakistan) und spricht eine der beiden Amtssprachen Afghanistans, nämlich Paschto. Die Paschtunen sind zum Großteil Sunniten und leben nach einem komplexen Rechts- und Ehrenkodex, dem »Paschtunwali«.

http://www.politische-bildung-brandenburg.de/node/2022 (27.11.15)

Taliban:

Angehöriger einer radikalen islamischen Miliz in Afghanistan (und angrenzenden Gebieten)

www.duden.de (27.11.15)

QUELLEN

Steckbrief Afghanistan – das Wichtigste auf einen Blick:
http://www.xago.org/afghanistan/steckbrief.php (13. Oktober 2015)
Wikipedia: Afghanistan (2015) https://de.wikipedia.org/wiki/Afghanistan#Menschenrechte (13. Oktober 2015)

Steckbrief Somalia:
Open Doors: Somalia (Januar 2015) https://www.opendoors.de/verfolgung/laenderprofile/somalia/ (Stand: 13. Oktober 2015)
Wikipedia: Somalia (2015) https://de.wikipedia.org/wiki/Somalia (Stand: 13. Oktober 2015)

Steckbrief Kurdistan/Kurden:
Ingo Neumayer: Kurden (21. Januar 2015)
http://www.planetwissen.de/kultur/voelker/kurden_volk_ohne_staat/pwwbdiekurdenvolkohnestaat100.html (Stand: 13. Oktober 2015)

Steckbrief Syrien:
Open Doors: Syrien (Januar 2015) https://www.opendoors.de/verfolgung/laenderprofile/syrien/ (Stand: 13. Oktober 2015)
Auswärtiges Amt: Syrien (September 2015)
http://www.auswaertiges-amt.de/DE/Aussenpolitik/Laender/Laenderinfos/01-Nodes_Uebersichtsseiten/Syrien_node.html (Stand: 13. Oktober 2015)
Wikipedia: Syrien (2015) https://de.wikipedia.org/wiki/Syrien#Menschenrechtslage (Stand: 13. Oktober 2015)

Steckbrief Iran:
Internationale Gesellschaft für Menschenrechte: Der Iran, die UNO und die Menschenrechte. Auf einen Blick. (2015) http://www.igfm.de/iran/iran-uno-menschenrechte/iran-uno-ueberblick/ (Stand: 13. Oktober 2015)

Steckbrief Irak:
Open Doors: Irak (Januar 2015) https://www.opendoors.de/verfolgung/laenderprofile/irak/ (Stand: 13. Oktober 2015)

Steckbrief Bosnien-Herzegowina:
David Finck: Die Stille ist ein Geräusch. Steckbrief. (2015) http://www.stille-ist-geraeusch.de/2steckbrief.htm (Stand: 13. Oktober 2015)
Andy Ladewig: Bosnien-Herzegowina (2014) http://www.laender.steckbriefe.com/bosnien-herzegowina-steckbrief.html (Stand: 13. Oktober 2015)
Wikipedia: Bosnien und Herzegowina (2015) https://de.wikipedia.org/wiki/Bosnien_und_Herzegowina (Stand: 13. Oktober 2015)

Steckbrief Togo:
Wikipedia: Togo (2015) https://de.wikipedia.org/wiki/Togo#Menschenrechte (Stand: 13. Oktober 2015)

CO-AUTOREN

Karl Hubert Kerschbaum
Diplom Psychologe

Uwe Schulz-Wallenwein
Diplom-Pädagoge, Diplom-Sozialpädagoge
Lehrender und Supervidierender Transaktionsanalytiker (TSTA-C)
Heilpraktiker für Psychotherapie (HPG)
Dozent für TraumaSensible Beratung ITAS
Traumatherapeut
ITAS-Institut Stuttgart, Haußmannstraße 5, 70188 Stuttgart
info@itas-institut-stuttgart.de
www.itas-institut-stuttgart.de

ANMERKUNGEN

1 (E. R. Smith, D. M. Mackie: *Social Psychology*. Psychology Press, 2. Auflage 2000, S. 14-16)

2 (Social Psychology: Fourth Edition von Eliot R. Smith, Diane M. Mackie, Heather M. Claypool).

3 http://www.spiegel.de/wirtschaft/business-etikette-der-erste-eindruck-zaehlt-a-559270.html (02.12.2015)

4 Higgins, E. T., Rholes, W. S., & Jones, C. R. (1977): Category accessibility and impression formation. Journal of Experimental Social Psychology.

5 F. Ruppert: Trauma, Angst und Liebe: Unterwegs zu gesunder Eigenständigkeit. Wie Aufstellungen dabei helfen, Kösel-Verlag, München 2015

6 J. Herman: Die Narben der Gewalt, Paderborn 2010

7 C. Sautter: Wenn die Seele verletzt wird, Verlag für Systemische Konzepte, Wolfegg 2012

8 A. Horn, A. Maercker, in: Handbuch der Psychotraumatologie, G. Seidler, H. Freyberger, A. Maercker (Hg.), Klett-Cotta, Stuttgart 2011

9 Luise Reddemann, Imagination als heilende Kraft, Zur Behandlung von Traumafolgen mit ressourcenorientierten Verfahren, Stuttgart 2012

10 M. Huber: Trauma und die Folgen, Paderborn 2009; E. Garbe: Das kindliche Entwicklungstrauma, Stuttgart 2015

11 A. Krüger: Erste Hilfe für traumatisierte Kinder, Ostfildern 2015

12 http://www.spiegel.de/gesundheit/psychologie/traumatisierte-bundeswehrsoldaten-psychologen-warnen-vor-dunkelziffer-a-856440.html (07.10.2015)

13 www.baff-zentren.org

14 (Gerlach 2012)

15 www.bdp-verband.org/bdp/politik/2013/130408_fluechtlinge.pdf (07.10.2015)

16 U. Beckrath-Wilking, M. Biberacher et al. in: Traumafachberatung, Traumatherapie & Traumapädagogik, Paderborn 2013

17 http://www.spiegel.de/gesundheit/psychologie/boreout-wenn-langeweile-im-job-krank-und-depressiv-macht-a-980954.html (26.10.2015)